...und am Ende bleibt nur die Liebe

Joy Sophia Neie

...und am Ende bleibt nur die Liebe

Die Elohim und die Aufgestiegenen Meister der Bruderschaft der Freude

ch. falk-verlag

Originalausgabe
© ch. falk-verlag, seeon 2010

Umschlaggestaltung: Christina Riecken, Dießen a. A.

Satz: P S Design, Lindenfels
Druck: Druckerei Sonnenschein, Hersbruck
Printed in Germany

ISBN 978-3-89568-201-8

Inhalt

Ich danke allen,
die mich das Unaussprechliche lehrten.

In vollständiger und vollkommener Liebe
Für Dich

Begrüßung

Liebe Menschen!
Ihr seid jetzt soweit, den Planeten zu durchlichten und zu reinigen, wie ihr auch eure Körper und eure Lebensentwürfe durchlichtet und gereinigt habt. Es ist dies eine Arbeit für das Kollektiv, in der ihr euch mit Hingabe als ein Teil des Ganzen erfahrt.

Dies *ist* neue Kunde für euch, eine Neue Botschaft.

Doch, liebe Kinder, die Erde hat euch getragen so viele Leben lang. Vielfältige Erfahrungen konntet ihr sammeln auf dem Planeten der freien Wahl. Allzu oft habt ihr das Wohl des Gesamten dabei nicht im Blick gehabt, und Löcher und Risse sind entstanden in einem Gefüge, das nun geheilt sein will.

Gebt euch hin den Engeln und Meistern der Heilung, die schon erfahren haben, was es bedeutet, mit einem Planeten in die Wandlung zu gehen.

Ihr habt meinen Segen. Ich bin ein Teil von euch und ihr seid ein Teil von mir. In Wirklichkeit hat *alles* Teil aneinander.

Nun genügt es nicht, wenn einzelne Menschen heilen und ihr Schicksal klären, denn das ist so, als würden in eurem Körper einzelne Zellen in Ordnung sein, der Rest aber nicht. Ist das dann ein Zustand von Gesundheit und Wohlergehen und Heil des Ganzen?

9

Deshalb, liebe Freunde, macht euch an die Arbeit. Ich brauche euch ebenso wie ihr mich. Ich nähre euch und ihr nährt mich, so ist unsere Allianz, unser Bündnis beschaffen. Ich bin eine Lichtgestalt, ein Lichtwesen wie ihr. Ihr seht nur meinen Körper in der Materie und davon nur Teile, denn Ich *bin* die größere Einheit des irdischen Plans.

Was bedeutet das? Nun, es bedeutet, dass ihr untrennbar und unteilbar mit mir in der Liebe seid! Ein jeder Einzelne von euch leidet am Leid des Ganzen, wie auch jede Einheit von Bewusstsein die Liebe und Freude miteinander teilt. Ihr könnt das ausblenden für eine Weile, o ja, das könnt ihr, und das habt ihr getan in der Vergangenheit! Doch diese Epoche ist vorbei, vergangen für immer.

Die Evolution, in der ihr euch mit mir befindet, erfordert, die abgespaltenen Teile des Ganzen wieder zu verbinden. So habt ihr eure verschiedenen Lebensausdrücke in den Vergangenheiten wiederfinden und mit eurem Heute vereinen können. Das war Teil eins des Erinnerns. In Teil zwei gehört das Kollektiv der Menschheit in der Verbundenheit mit der Mutter dazu.

Leben für Leben schenke ich euch Körper, Atemluft und Nahrung in nicht endender Fülle. Leben für Leben hinterlasst ihr Abdrücke und Spuren in meinen Reichen. So ist es gewollt, und dies ist gesegnet. Werdet euch des größeren Zusammenhanges bewusst. Ihr seid ein Teil von mir.

Alle Teile gehören zu einem Ganzen. Auch die anderen Bewusstseinsformen, die euren Lebensraum teilen, gehören zu meinem Dasein.

Erinnert euch der Gemeinschaft. Und fühlt die Liebe, die wir einander schenken, wieder und wieder.

Ich danke euch.

So spricht Sanat Kumara, der Planetare Logos. Ein Weckruf geht durch die erwachten Lichtarbeiter, sich nun in Gemeinschaften zusammenzufinden. Eine solche Gemeinschaft als Lebensgruppe ist mehr als die Summe ihrer Teile.

Wie die Einzelnen von euch Führer haben, die euch in eurem Leben begleiten und schützen, so sind auch diesen neuen Gruppen Führer aus einem erweiterten Bewusstsein zugeteilt.

Wenn die Bereitschaft zur Zusammenarbeit gegeben ist, setzt über diese Texte hinaus eine persönliche Schulung ein, die euch bei der Entfaltung eurer Fähigkeiten und Fertigkeiten anleitet, sodass ihr sie zum Erblühen bringt. Es ist dies die Anfangszeit auf einer neuen Stufe des Wachstums.

So seid ihr die Pioniere, die Vorreiter einer neuen Zeit und Zusammenarbeit mit den kollektiven Ebenen, zu denen ihr bisher noch keinen Zugang hattet.

Seid miteinander in der größtmöglichen Fürsorge.

Ihr seid der Katalysator in der Verschmelzung der Dimensionen. Die planetaren Bewusstseinsgruppen der Neuen Erde haben die besondere und ehrenvolle Aufgabe, für die neuen Kinder den Weg zu bereiten, die mit einer anderen Art von Beziehung zur Erde aufwachsen werden, als ihr es erlebt habt. Freut euch darüber, Anteil zu haben an etwas wahrhaft vollkommen Neuem.

Wir sind im Staunen über euch und in der vollständigen Freude und Verbundenheit mit diesem Prozess. Ihr habt die Schallmauer durchbrochen, wisst ihr das?

Willkommen zu Hause, willkommen!

28. 2. 2008

Gedankenkraft

Weil wir euch so unermesslich lieben, beobachten wir euch seit Langem.

Habt ihr erlebt, was es heißt, ein individualisiertes Bewusstsein zu besitzen, öffnet sich die nächste Tür zur Entwicklung. Ihr seid jetzt an diesem Punkt angelangt.

Wie werdet ihr euch verhalten? Gebt einander die höchstmögliche Verwirklichung eurer eigenen Potenziale, so lautet unser Vorschlag. Das bedeutet konkret, sich nicht mehr nach der Allgemeinheit zu richten und gerade damit dem Wohl des Ganzen am innigsten zu dienen. Könnt ihr euch das vorstellen?

Euer Massenbewusstsein krankt an vielen Stellen. Es ist voller Angst, die bewusst durch bestimmte Personen und Gruppierungen geschürt wurde und noch immer am Leben erhalten wird. Das soll verhindern, die Menschheit als Ganzes in eine angemessene Ermächtigung zu bringen, was für die Mächtigen seit Zeitläufen bedeutet, ihren gewohnten Einfluss zu verlieren.

Wir wissen, dass dies ein haariges Thema ist. Doch kommen wir nicht umhin, die Dinge beim Namen zu nennen und euch bewusst zu machen, wer ihr wirklich seid. Niemand kommt dadurch zu Schaden.

Die Zeit des Vergessens ist vorbei, und die alten Rahmenbedingungen existieren nicht mehr. Ihr seid aufgehoben in einem größeren Ganzen und eure wahren Brüder und Schwestern möchten sich euch mitteilen.

So erlaubt bitte eurer Erinnerung zu wachsen.

In unserem ersten Buch: *Denn ich bin Liebe* erwähnten wir schon einmal einen Vorgang, der euch in euren Bedingungen festhält, wenn ihr nicht wachsam und achtsam mit euch und eurer Fähigkeit zu denken umgeht.

Denken ist ein erschaffender, ein schöpferischer Vorgang. Ihr benutzt dazu ein Organ, das sowohl Sender als auch Empfänger ist, euer Gehirn. Dieses Gehirn hat wunderbare, noch von euch zu entdeckende Eigenschaften.

Ihr werdet von großem Staunen erfüllt sein in der nächsten Zeit. Doch zunächst und zuallererst müsst ihr die Gedankenkraft beherrschen.

So kann es euch passieren, dass ihr sitzt und an etwas denkt, das ihr noch erledigen wollt in den nächsten Tagen. Angenommen, es handelt sich um eine Überweisung, ihr wollt eine Rechnung begleichen. Es könnte sein, dass etwas in Gang gesetzt wird, was wir „Assoziationskette" nennen, und darüber hinaus ein Kontakt mit den entsprechenden kollektiven Feldern. Nun ist es um euer Geldwesen nicht so gut bestellt. In den bekannten Systemen wurde alles dafür getan, das Geld und die Macht in den Händen weniger zu sammeln und zu konzentrieren. Für viele von euch hat das die Konsequenz, sich in wenig befriedigenden Lebensumständen zu befinden, in denen die Sorge um das Auskommen bzw. das materielle Wohlergehen immer noch ein Bestandteil eurer täglichen Gedanken ist. Das bräuchte nicht so zu sein, und dennoch hat sich dieser Zustand mit einer Zähigkeit gehalten, den ihr einer Politik verdankt, die unterdrückt. Das Thema ist weitreichend, und es lohnt sich, meine Lieben, es lohnt sich tatsächlich, sich ausgiebig und eingehend damit zu befassen!

Also, du sitzt da und erlebst einen Rückfluss, der dich in einen Schockzustand versetzen kann, wenn das Feld ausreichend aktiviert ist, und das *ist* hier der Fall. Das heißt, du beginnst dir Sorgen zu machen, wovon du die nächsten Schuhe für dein Kind bezahlst, das so schnell wächst, obwohl in deinem aktuellen Jetzt diese Schuhe noch nicht gebraucht werden. Das war die Wirkung eines Rückflusses, denn, was glaubst du: Ist das Feld der finanziellen Sicherheit gefüllt mit Befriedigung oder mit Stress und Angst?

Oje, was tun, die Not ist groß. Das werdet ihr immer und immer wieder erleben, Lichtarbeiter. Es ist ein Zeichen der Zeit, dass *mehr* Energie in dir und in allem fließt.

Dadurch erlebst du dich selbst viel intensiver und auch die Folgen deiner eigenen Gedanken und Gefühle.

Nun weißt du also, bitte erinnere dich, du bist Schöpfer, und deine Gedanken wirken erschaffend. Wir tippen dir auf die Schulter und du kapierst: Hoppla, wenn ich das Thema „neue Schuhe für mein Kind" mit der Sorge belege, werde ich genau das erleben, was ich hier gerade initiiere. Und so *ist* es!!! Wir betonen noch einmal, geliebter Mensch, das ist tatsächlich so!

Gut, dass du in diesem Moment realisierst, was du zu bewirken imstande bist. Du gibst dir die Chance, einen Schritt weiterzugehen.

Du kannst das Feld nicht heilen, das kannst du nicht. Viele werden daran arbeiten, diese Felder nach und nach aufzulösen, aber in diesem Moment ist das nicht zu erwarten. Es gilt *jetzt* für dich, Abstand zu nehmen und ein anderes Programm zu aktivieren.

Wir wollen das verdeutlichen an der DNS. Ihr wisst, dass auf diesen kleinen Schnüren (in Wirklichkeit sind es Spiralen) eine Menge von Informationen angeordnet sind, die jeden

Computer vor Neid erblassen lassen würde, könnte er das erkennen.

Ihr wisst ebenfalls, dass dieses System über einen Selbst-Reparatur-Service verfügt, der beschädigte genetische Einheiten wieder instandsetzt oder herausnimmt, sodass sie nicht dupliziert werden. Das alles übernehmen auf der Ebene der Sichtbarkeit sogenannte Enzyme, doch natürlich gibt es eine Intelligenz, genannt Bewusstsein, die diese Reaktion steuert.

So machst du es ebenfalls. Dein Bewusstsein steuert den Befehl, welche deiner Gedanken (Enzyme) den Inhalt bestehender Mentalfelder ablesen und verstärken. Neben den dir bekannten gibt es Millionen, Milliarden und noch mehr Möglichkeiten zu denken. Du kannst also dein System darauf einstellen, *neue* Gedanken zu denken. Du öffnest ein anderes Menü. Genetisch aktivierst du andere Codons, die ebenfalls auf deiner DNA vorhanden sind. So geht das.

Probiere es aus, wir sind in der Liebe mit dir!

Weitere Informationen werden folgen.

Dies waren Einheiten der Metagalaktischen Ebene, von euch genannt Engel:

Erzengel Jophiel-Bewusstsein
am 2. 3. 2008

Die Innere Flamme

Eine sehr wirkungsvolle Art der Lichtarbeit ist die Nutzung der Inneren Flamme. In deinem Herzen befindet sich ein Abbild der Schöpferflamme, die ewig und unauslöschlich in dir brennt, ein ewiges Licht in dir selbst. Es ist interdimensional, lebendig und aus sich selbst heraus erschaffend. Durch Liebe erwacht diese Flamme verstärkt zum Leben. Das heißt konkret, in dem Moment, in dem du die höchste Wahrheit als Liebe anerkennst, leuchtet die Flamme in dir auf.

Bei Unausgeglichenheit von Energien – sei es in oder um eine Person herum, in oder um eine Gruppe und/oder auch einen bestimmten Ort – begib dich mit deinem Bewusstsein zunächst in dein Herz und bitte darum, die Flamme zu sehen.

Wenn du sie in diesem Moment noch nicht gleich sehen kannst, so fühle ihre Gegenwart. Wie deine Wahrnehmung auch beschaffen ist, die Anwesenheit der Heiligen Flamme vermittelt Frieden, Präsenz, Reinheit und Heiligkeit, und etwas davon ist auch für dich zu empfinden, wenn du dich vertrauensvoll dafür öffnest.

Darüber hinaus kannst du in deinen Energiefeldern eine Art von Aktivität wahrnehmen, denn diese sind verbunden mit der zu erlösenden Aufgabe.

Das kann alles sein, und deshalb kann es sich für dich als Bilder, Gefühle, Gedanken und Empfindungen manifestieren.

Bleibe in deiner Mitte, sieh auf die ewige Flamme, und dann gehe mit deiner Aufmerksamkeit *in* die Flamme hinein. Du bist sicher und geborgen an diesem Ort der vollständigen Liebe.

Mit jedem Atemzug beobachte nun die Farbe der Heiligen Flamme, denn mit der Veränderung der energetischen Felder durch die Interaktion im Außen leuchtet das Licht in dir durch die Belebung und den Einsatz bestimmter Frequenzen in einer anderen Farbe auf. Das ist ein Heilvorgang. Er ist abgeschlossen, wenn die Flamme in weißem Licht leuchtet und sich dieses Licht spürbar für dich in deiner ganzen Aura verteilt. Dann lösen sich deine feinstofflichen Felder aus der Situation und du fühlst dich wieder als energetisches Oval um den Körper, der dein physischer Ausdruck ist.

Soweit diese Erläuterung.

An dem Vorgang selbst beteiligt sind Einheiten der Elohim, die mit den Farben und Strahlen der Schöpfung arbeiten. Wir freuen uns über alle Maßen, diese neue Verbundenheit mit euch ins Leben zu rufen. Es wird sich vertraut und köstlich anfühlen, und vielleicht weint ihr ein paar Tränen darüber, und das ist gut so. Denn der Schmerz der Trennung sitzt tief in euren Zellen und er löst sich mit jedem Atemzug, den ihr in der Heiligen Flamme nehmt. So lasst euch nicht erschrecken, bleibt im Fühlen und in der Liebe mit euch und dem Ganzen.

Auch wenn eure Seelenaugen schon weiter geöffnet sind und ihr Bilder seht, die euch traurig machen: Haltet dabei nicht eure eigenen Gefühle zurück, denn es ist ein Reinigungs- und Heilungsprozess auch für euch selbst! Lasst alle Gefühle zu, die sich freisetzen, und bleibt dabei im Bewusstsein der Liebe und im Licht der Heiligen Flamme.

Unter den Naturwesen herrscht große Freude, dass ihr in die Ermächtigung geht, denn in ihren Reichen ist viel zu tun, was eine Kooperation verlangt. Gefangene Elementale werden auf diese Weise befreit und die Energien eines Ortes auf die allerschönste Weise harmonisiert.

Denn wie im Kleinen ist es auch im Großen, und das, was bei euch selbst beginnt, wirkt hinein in alle Reiche und Dimensionen.

So reichen wir euch die Schüsseln unserer Freudentränen, um euch zu trösten und aufzurichten. Wir kennen den göttlichen Plan und wir wissen um eure Rolle darin. Und während ihr Sorge und Schmerz loslasst, um Befreiung zu finden, segnen wir euch mit Liebe über und über. Wir Engel weinen vor Freude, wenn ihr euch unserer erinnert, das ist die Wahrheit. Liebe über Liebe, wir lieben euch.

Hilarion und Elohim, am 8. 3. 2008

Erschließe dir das Himmelreich der Freude

Es ist euch Menschen ein Himmelreich der Freude gegeben, und ihr könnt es tatsächlich nutzen und euch erschließen, indem ihr euch darauf ausrichtet.

In der letzten Zeit seid ihr vermehrt mit Strahlungen konfrontiert, die eure Konstruktionen auf den mentalen Ebenen beleben. Das hat zur Folge, dass ihr dem Unbewussten in euch begegnet und mit ihm Freundschaft schließen könnt.

Es ist euch ja nicht bewusst, in der Klarheit, wie stark die Gedankenmuster an der tatsächlichen Erschaffung eurer Umgebung und der Realität, in der ihr lebt, beteiligt sind. Ihr denkt euch nichts dabei zu denken, denn das tut ihr die ganze Zeit. Viele eurer Gedanken sind dabei nicht einmal die euren, sondern von anderen aufgenommene da eure Gehirne nicht nur Sender, sondern ebenfalls Empfänger von Informationen sind. Euer Kopf ist sozusagen Sendestation und Radar zugleich.

So lasst uns mit unserer Erklärung fortfahren, die beleuchten soll, wie ihr die universale Schöpferkraft zu eurem Leid und zu eurer Freude nutzt.

Ihr habt die Macht zur Entscheidung, das ist euch zu eigen gegeben, und dennoch meistens nicht bewusst. Tatsächlich werden Instrumente zur Unterdrückung eures Bewusstseins angewendet, die eure Gehirne vernebeln und das Erwachen in die eigene Kraft verhindern. Doch bitte seht keinen Vorwurf in diesen Worten, beschuldigt euch nicht selbst und verurteilt nicht jene, die solchen Mächten dienen, denn auch sie sind ein Werkzeug des Geistes unter dem Gesetz der allumfassenden Liebe. Erlaubt, dass ihr euch wandelt in dem Geschehen, das dem allumfassenden Bewusstsein der Liebe *dient.* Jetzt leuchtet das Licht hell in die dunkelsten Ecken und bringt Gedanken aus dem Verborgenen ans Licht, die lange Zeit auf unbewusste Weise wirkten. Das betrifft euch im Persönlichen genauso wie das Kollektiv/die Kollektive.

Im Erleben zeigt sich das für dich darin, dass du dich plötzlich überhaupt nicht gut fühlst. Wenn du dann nachschaust, woher die latente Frustration oder Niedergeschlagenheit kommt, wirst du die Fülle der Gedanken bemerken, die das Unwohlsein erzeugen.

Das kann erstmal ein Schock sein.

Dann nutze die Werkzeuge, die wir euch schon gaben.

Hier sind interdimensionale Lichteinheiten, die über folgende Codes mit euch zusammenarbeiten:

1. Die Goldene Welle

Die Anrufung der Goldenen Welle aktiviert diese Energie in Sekundenbruchteilen, in Lichtgeschwindigkeit. Du bemerkst es daran, dass du nur „Goldene Welle, bitte!" denkst, und schon *ist* sie da, spürbar in deinem Körper und in deinen Energiefeldern.

Die Goldene Welle ist universell einsetzbar für jegliche Transformation. Sie ist Licht, Bewusstsein, Liebe, Reinigung und Umwandlung zugleich.

Du kannst die Goldene Welle für spezielle Probleme und Aufgaben einsetzen, aber auch allgemein. Sie wird immer das

Richtige tun, und ihr Wirken wird von allen Wesen als angenehm empfunden.

2. Die Kosmischen Glitzer

Die Kosmischen Glitzer sind eine Art Miniprismen. Sie brechen das Licht nicht nur in den euch bekannten Farben, sondern wirken auf mehrfachen Dimensionsebenen gleichzeitig und brechen eine Vielzahl von Schwingungen in hoher Geschwindigkeit, dass es so aussieht wie bei Kristallen oder den euch bekannten Prismen: sie glitzern, sie strahlen, sie sind wunderschön.

Sie sind ein Werkzeug der Gnade.

Du kannst sie nicht durch deinen Willen lenken und du kannst nicht über sie bestimmen.

Wenn du sie aktivierst durch deine Bitte, wirken sie dort, wo sie gebraucht werden.

Über ihre besonderen Eigenschaften gibt es noch ein eigenes Kapitel.

3. Die Marienengel

Ihr kennt diese wunderbaren Wesen schon von der Auflösung der Schmerzkörper. Ihre Anwesenheit verbreitet tiefen Frieden, Ruhe und Gelassenheit. Sie sind die Vorboten einer Neuen Zeit, in der Frieden auf Erden verwirklicht sein wird. Die Marienengel befreien gebundene Elementale und lösen alle damit verhafteten Energien: mental und emotional.

Sie wirken zusammen mit der Gruppe von Michael, Erzengel Raphael und dem Glauben als Lichtkraft-Bewusstsein.

Man könnte sie also auch als die Engel des Glaubens bezeichnen, aber ihr Wirken ist sanft, voller Gnade, deshalb nennen wir sie „Marienengel".

Diese drei Anrufungen ermöglichen den Beginn der Reinigungs- und Auflösungsarbeit in den Gedankenwelten.

Diese Arbeit ist von großer Bedeutung und Tragweite, denn sie ermöglicht euch eine neue Zukunft in Frieden, Harmonie und Glückseligkeit.

Ihr *seid* berechtigt, die neuen Werkzeuge anzuwenden, denn ohne diese Hilfsmittel werdet ihr das Licht des neuen Tages nicht erblicken.

Weil du als Lichtwesen, lieber Mensch, auf der Erde, dem Planeten des freien Willens, deinen Dienst gewählt hast, ist sowohl dein eigenes als auch das Heil der Menschheit gebunden an deinen Entschluss. Du als Erdenmensch hast eine Heilwirkung innerhalb des Massenbewusstseins, da sich die Felder gegenseitig durchdringen und du ein Teil des Ganzen bist. Du bist wichtig, einmalig, einzigartig und unersetzlich. Es ist nicht so, dass der Einzelne ohne Bedeutung ist, das ist es nicht!!!

Wie viele von euch kennen die Geschichte vom Schäfer, der über Stock und Stein geht, um das verirrte Schaf zu suchen?

Jeder von euch ist wichtig, jeder.

Ein Jeder hat das Recht auf Freiheit und Glückseligkeit, denn so ist es angelegt, und Gott, der Vater, richtet nicht. Die allumfassende Liebe erlaubt einem jeden Bewusstsein, sich zu erfahren nach seinem Willen.

Nun, lieber Mensch, du bist in der Schlüsselposition!

Tatsächlich hältst du den Schlüssel zu deinem eigenen Glück in der Hand!

Du bist nicht das Opfer, nie mehr, wenn du es entscheidest!

Wir lieben dich und wir grüßen dich aus dem Licht, deine Brüder und Schwestern aus der Liebe, aus der Freiheit, aus der Vollkommenheit!

Die Bruderschaft der Freude
am 18. 3. 2008

Die Kosmischen Glitzer

Du kannst mit jedem Ereignis, das dir geschieht, Verflechtungen auflösen, indem du ruhig alles betrachtest, was in dir an Gefühlen, Emotionen und Gedanken auftaucht und welche Reaktionen und Verhaltensmuster es bei dir auslöst.

Wenn du dich an diese Detektivarbeit machst, erscheint dir dein Leben um die Situation herum wie ein unentwirrbares Knäuel aus den genannten Variablen. Hier treten die Kosmischen Glitzer in Aktion und helfen dir dabei, dieses Knäuel auf allen Ebenen zu entwirren.

Jedes einzelne Element tritt in dein Leben durch eine Kombination von Reaktionen auf vergangene Erfahrungen, wie sie in deiner Biologie, sprich: in deinen Zellen, in deinem Gehirn, in den feinstofflichen Energiebahnen abgespeichert wurden. Es ist alles schon nicht mehr im Bezug auf das reale Ereignis, was dann in dir geschieht.

Deine Wirklichkeit ist eine konstruierte.

Du selbst konstruierst sie in jedem Augenblick *neu*.

Doch solange du den automatischen Reaktionen deines Nervensystems unterliegst, ist dir das weder bewusst, noch kannst du es ändern. Deshalb erfolgt eine Befreiung immer nur dann, wenn du dich dem höheren Bewusstsein öffnest und aus dieser Perspektive auf deine Reaktionen zugreifst; entweder um einzugreifen und eine Veränderung herbeizuführen oder um zu erforschen, woher diese Art von Reaktion stammt und womit sie noch zusammenhängt.

Auf diese Weise kannst du tiefgehende Heilung finden.

Aber es gehört *Mut* dazu, in die dunklen Ecken hineinzugehen und das Gerümpel, das sich dort angesammelt hat, einmal bei Licht zu betrachten. Nicht weil es schlimm an sich ist, nein! Es erfordert Mut, eine neue Herangehensweise und Umgehensweise mit deinem Leben und mit dir selbst auszuprobieren, es erfordert Mut, die Scheu abzulegen, die dich bisher davor zurückgehalten hat, deine Gewohnheitsreaktionen einmal genauer unter die Lupe zu nehmen.

Du brauchst tatsächlich Hilfe und Unterstützung, mit deinen Gefühlen und Gedanken umzugehen, die dich in diesen Momenten, in denen sie frei werden, zu überschwemmen scheinen.

Bitte darum.

Wir sind hier. Wir halten tröstend deine Hand, wenn die Wellen über dir zusammenschlagen. Du wirst nicht darin ertrinken. Es ist das Erlösungswerk, an dem du beteiligt bist und für das du gekommen bist. Alles ist in Ordnung mit dir, wenn du das tust.

Du bist sehr geehrt dafür, glaube das.

Das Leben auf der Erde verändert sich jetzt zunehmend, aber jemand muss die Arbeit tun, Lichtarbeiter!!!

Du bist genau mit dieser Absicht gekommen, und darum bist du in jedem Moment in deinem „sweet spot", gerade wenn es kracht und knirscht, denn du bist dabei, die Arbeit zu tun, und wir grüßen dich, wir beglückwünschen dich, denn der Segen, den du erschaffst in diesem Moment, ist weitreichend.

Mehr als du ahnst, bist du geehrt für diese Arbeit.

So scheue dich nicht, die Kosmischen Glitzer zu rufen und uns heranzubitten, deine Befreiung aus altem Groll und Kummer einzuleiten.

Wir lieben dich, und so ist es und so war es schon immer.

Die Kryon-Gruppe
am 25. 1. 2008

Denken und Fühlen

Auf der Erde zu leben, ihr Lieben, ist eine Schule des Lernens in vielen Bereichen. Obwohl Gott nichts lernen muss, haben die inkarnierten, überall in Körpern lebenden Anteile von Gott-dem-Einen mannigfaltige Evolutionsmöglichkeiten.

So werden die Verkörperungen mit Leben erfüllt und in Liebe weiterentwickelt, um die Schönheit und Vollkommenheit der Ewigkeit immer tiefgehender auszudrücken.

Nun hat Bewusstsein auf allen Stufen des Lebens und innerhalb der jeweiligen Dimensionen bestimmte Erfahrungsräume, die so lange genutzt werden können, bis alle Möglichkeiten darin ausgeschöpft worden sind. Dann geht das Leben weiter zur nächsten Stufe und nimmt die gesammelten Einprägungen von früher mit. Um eure Erfahrungen auf der Erde zu beschreiben, gibt es in den Reichen der Engel zwei besonders charakterisierende Stichworte, die in unseren Sprachen existieren und übersetzt „Denken und Fühlen" bedeuten. Das wird euch nicht wundern, denn alles, was mit diesen Themen zusammenhängt, ist ja euer täglich Brot. Die Krönung des Ganzen, die Abschlussprüfung, in der ihr jetzt seid, ist beides miteinander in Einklang zu bringen – in euch.

Das Fühlen prägte euer Leben von Anfang an: Durch die Eindrücke eurer Sinnesorgane entstehen die ersten Spuren im

Gehirn, die den Verstand ausbilden, oder auch „Intellekt". So habt ihr hier schon deutlich erkennbar die Abhängigkeit dieser beiden Erlebens- und Erkenntniswege voneinander. Denn das Denken und das Fühlen sind nicht voneinander getrennt und waren es nie in dir, der du in einem menschlichen Körper geboren wurdest.

Den Strukturen in eurem Gehirn entlang laufen Impulse aufgrund von binären Signalen, hier genannt „Ja/Nein- Entscheidungen". In elektronischen Termini bedeutet das: Ein Strom fließt/fließt nicht: an und aus für jeweils einen speziellen Impuls. Der Vorgang im Gehirn ist dermaßen komplex, dass ihr nur so viel davon verstehen könnt, wie ihr gerade davon erschließt. In Wirklichkeit sind alle Ebenen in deinem Gehirn vorhanden, und die Ja/Nein-Entscheidung ist das Muster, nach dem der Zugriff auf sie erfolgt.

In das Leben geboren, werden durch die Erfahrungen des Fühlens einige grundlegende Verhältnisse erzeugt, die euer Leben und euren Horizont weitgehend bestimmen.

Mit der Zeit scheint sich das Fühlen zu verselbständigen, und das liegt daran, dass dein Erleben dich lehrt, in angenehm und unangenehm, hilfreich und hinderlich zu unterscheiden, was die Anzahl der jeweils entstehenden Verbindungen beeinflusst. Im Gehirn entstehen Netzwerke, die durch Erfahrungen geschaffen werden und imstande sind, Schlussfolgerungen wie das Ergebnis von einer mathematischen Gleichung hervorzubringen.

Hier setzt eine Trennung ein, und alles wird so kompliziert, wie du es kennst.

Um die für die nächste Ebene als Voraussetzung dienende Harmonisierung zu erreichen, führt dich die ansteigende Energie auf der Erde nun immer wieder auf der Erfahrungsebene an die Knotenpunkte deiner inneren Netzwerke, und du bist plötzlich mit Gedanken und Gefühlen überschwemmt, die sich in deinem Leben auf eine Weise auswirken, dass neue und weitreichendere Verbindungen nicht geknüpft werden, weil an diesen Stellen das Ergebnis der mathematischen Berechnungen ein „Nein" ist, das heißt, der Impuls wird hier nicht weitergegeben und dein Wachstum an dieser Stelle aufgehalten.

Das kann wirklich unangenehme Gefühle in dein Bewusstsein bringen, die du überhaupt nicht zuordnen kannst. Trotzdem tauchen sie auf, sind da und wollen ausgedrückt werden. Die Menschen in deiner Umgebung sind dafür nicht verantwortlich. Selbst wenn du denkst, dass sie das sind, sind sie es nicht. Ihr alle seid gerade damit beschäftigt, reinen Tisch zu machen – mit euch selbst! Danke den auslösenden Personen und Situationen, sie dienen dazu, Teil deiner umfassenden Befreiung zu sein, und handeln aus ihrer eigenen innerlichen Befindlichkeit in vollkommener Übereinstimmung mit dem Göttlichen Plan.

Was kannst du also tun?

Du kannst es nicht vermeiden, das kannst du nicht. Nicht in jedem Fall wirst du den gesamten Hintergrund deiner Reaktion herausfinden, und das brauchst du auch nicht.

Du musst nur wissen, was dir Erleichterung verschafft, denn was du erlebst, sind die Geburtswehen einer neuen Zeit *in dir*.

Hab Verständnis und Mitgefühl über alle Maßen. Achte und respektiere *dich* selbst mit all deinen Gefühlen, die auftauchen. Verurteile dich nicht. Du bist geliebt, in jedem Moment deines Lebens. Die Macht des Fühlens ist das Tor, durch das du in das neue Bewusstsein gehen kannst. Auch deine Gedanken sind geehrt. Du kannst nicht weitergehen, wenn du sie ablehnst, oder dich, wegen der Gedanken, die du hast.

Das Magnetfeld der Sonne ist deine Unterstützung in diesen Prozessen.

Gib alles, was du an Kummer, Schmerz, Verletzung, Missachtung, Verneinung und Sorgen hast, in die Sonne.

Wir meinen das ernst. Sieh deine Hände vor dir als eine Schale, in der all das gehalten wird, was dich in diesem Moment bedrückt. Öffne dein Herz und spüre die Wärme und das Licht der Sonne. Dann hebe die Hände dem Licht entgegen und halte sie hinein.

Beobachte, was geschieht.

Deine Hände sind, wenn du sie zurücknimmst, angefüllt mit Licht. Lege sie auf dein Herz und sage „danke". Das Licht geht in dein Gehirn und verändert dort, was du losgelassen hast.

Du brauchst dich nicht mehr zu entscheiden zwischen Denken und Fühlen, wenn dich die Kraft des Herzens führt. So brichst du auf zu neuen Ufern und erlaubst der Weisheit, in dir hervorzutreten.

Das war Orion vom Siebten Strahl der Weisheit und Güte am 20. 3. 2008

Ich bin

Es gibt einen kleinen Bereich, auf den wir eure Aufmerksamkeit lenken wollen, und das ist das von euch so bezeichnete „Ego", das in vielen Büchern auftaucht und mit Erklärungen versehen wurde, die in vielen von euch, die sich spirituell entwickeln wollen, Ablehnung hervorgerufen haben. Lasst uns an dieser Stelle eine Lanze für das Ego brechen, eine Amnestie ausrufen und die Eigenschaft eurer wunderbaren Person und Persönlichkeit beleuchten.

Was würdet ihr tun, wenn ihr kein Ego hättet?

Wo ist das „Ich" des „Ich Bin" ohne ein kleines bisschen Anerkennung? Wie hoch schätzt du dein Nicht-Ich ein, lieber Mensch? Wer oder was ist alles nicht du?

Bist du nicht ein wahrhaft außergewöhnliches, einzigartiges Individuum? Denkst du, irgendein Wesen aus den höheren geistigen Ebenen lehnt dich deswegen ab? Du bist die Summe dessen, was du anerkennst *und* was du ablehnst. Das ist die Wahrheit, lieber Mensch.

Du kannst dich nicht verlieren, aber du kannst zur Blüte deines Erwachens gelangen, wenn du dein bewusstes Sein in das Leben hinein erweiterst. So bist auch du ein Prozess der Ausdehnung wie das Universum selbst. Und glaubst du, das Universum besteht aus einem einzigen Staubkorn weniger, weil es das über sich „denkt"?

Deine Gedanken wachsen, deine Grenzen erweitern sich ständig – und doch bist es „du", der denkt, ist das nicht so? Dein Ich und dein Du begegnen sich an der Grenze des Augenblicks in jedem Moment.

In der Begegnung bist du das All.

Ohne Ich kein Du.

Du bist Teil des Ganzen, und deine Wertigkeit befindet sich jenseits aller Wertschätzung. Doch wer bist du, wenn nicht eine bewusste Entität, eine Ich-bewusste Wesenheit, die durch die heilige Hochzeit des ewigen Selbst im Tanz des Universums erschaffend wirkt?

Das Ichbewusstsein, von euch genannt *Ego*, ist ein wertvoller Bestandteil der Evolution.

Erlaube dir die vollständige Anerkennung deiner Eigenarten und erlebe sie gänzlich. Das ist die Voraussetzung und die Bedingung für jedes weitere Wachstum. Du bist Gott. Und der Mensch neben dir ist auch Gott. Und dein Hund und deine Blumen und dein Haus und dein Garten, verstehst du? Bewege dich zwischen den Manifestationen und erlebe die Freude, denn alles, alles, alles ist ein Wachstumsprozess.

Nicht ein Teil des Ganzen stirbt, denn das Leben ist unsterblich. Du kannst nichts wegnehmen, du kannst es nur verbergen. Und das passiert mit euch im menschlichen Bewusstsein: durch euer Denken haltet ihr einen Teil der Schöpfung vor euch selbst verborgen.

Es gibt nichts zu fürchten. Du verlierst dich nicht. Was wirklich geschieht, ist: Du gewinnst deine Wahrheit, die du vor dir selbst verborgen gehalten hattest, zurück.

So genieße den Prozess, denn du bist gesegnet über und über! Genieße und liebe auch die Ablehnung des Lebens, denn dadurch verwandelt sie sich und die Schatten weichen zurück. Am Ende bleibt nur die Liebe, und das ist die Botschaft, die wir euch bringen.

Jede Ablehnung erzeugt Schmerz. Nur die vollständige Bejahung deines So-Seins öffnet die Tür zu höherem Bewusstsein.

Die Elohim am 22. 3. 2008

Denken als Evolution

Wenn ihr nun eure Gedankenwelten zu erforschen beginnt, indem ihr bewusster wahrnehmt, was mit euch geschieht, während ihr denkt, wie die Kettfäden der Muster verlaufen, in die ihr eingewoben seid, so lasst euch nicht erschrecken. Es gibt nichts, was nicht wieder zu ändern wäre, denn das Leben ist ein fortlaufender, in Entwicklung befindlicher Prozess. Wie ihr selbst als Spezies lernfähig seid, so bist du es als Individuum, und genauso betrifft dein Denkvermögen dein Allgemeinwohl wie auch das Wohl des Ganzen.

So erlöst euch selbst, indem ihr die folgende Formel anwendet, um quälende Gedanken aufzulösen:

Formloser Geist in allem, was ist, ich übergebe dir alle Assoziationen zum Thema Selbstermächtigung.
Indem ich die Wahrheit über mich selbst erkenne, lösen sich die Schleier des Vergessens und alle Gedankenprozesse, durch die sie bestehen, auf, und ich anerkenne mein Sein in dir.

Was geschieht, wenn du diese Worte sprichst? Alles, was dich bis dahin gehindert hat, in diesem Augenblick in deiner Kraft zu sein, muss zurückweichen. Du löschst einen Teil des Netzes, der gerade in diesem Moment dein Bewusstsein trübte.

34

Probier es aus, das ist unsere Empfehlung. Du kannst niemandem schaden damit, denn du klärst zunächst dein eigenes Netzwerk, und das ist der Beginn davon. Die Formel ist der Schlüssel, der, von dir angewendet, die dreizehnte Tür öffnet, durch die du die neue Ebene betreten kannst.

Bitte wende diese Formel an wie ein Medikament.

Ihr seid alle so verschieden, dass es keine Patentrezepte geben kann, die jeder auf genau dieselbe Weise mit Erfolg verwendet. Doch so eine Formel beinhaltet allgemeingültige Codes, die in deinen Zellen die entsprechende Auswirkung haben. So gesehen ist der größte Teil eines Patentrezeptes, den wir euch geben können, das, was sich direkt auf die Gene auswirkt. Für die Umsetzung entscheide dich bitte nach deinen Bedürfnissen. Du kannst zum Beispiel diese Formel an mehreren aufeinanderfolgenden Tagen für dich sprechen, was einem Zahlenrhythmus entspräche, der für dich passend ist. Denn es wird nicht ausreichen, es nur ein einziges Mal zu tun. Also achte dabei auf den passenden Intervall, der die für dich bestimmte Dosierung ist, die du zur Durchdringung der betreffenden Bereiche benötigst.

Nachdem du, deinem persönlichen Rhythmus entsprechend, die Formel dreimal angewendet hast, gibt es ein deutliches „Loch" in deinen Netzwerken. Jetzt öffnet sich die dreizehnte Tür, und du triffst eine Entscheidung, wie es aufgefüllt wird. Das tust du in Zusammenarbeit mit dem Solaren Logos, von wo aus diese Prozesse gesteuert und koordiniert werden.

Hier gibt es keine Formel, denn du triffst eine Herzensentscheidung und formulierst deinen Wunsch nach dem inneren Verlangen, das du spürst. Du kannst eine jegliche

Bewusstseinsqualität „anwählen" und deinen Gedankenprozessen voranstellen, zum Beispiel Güte, Liebe, Mitgefühl, Gemeinschaftlichkeit, Klarheit, Weisheit und alles, was dir einfällt. Auf dieser Ebene bist du verbunden mit den 13 Strahlen, den Engeln und Aufgestiegenen Meistern, die in und mit ihnen wirken. Es gibt schon Literatur darüber, und in Zukunft wird noch mehr offenbart werden.

Probier es aus. Experimentiere damit. Dir sind hier keine Grenzen gesetzt, aber du wirst dich an die damit verbundene Weite und Freiheit gewöhnen müssen. Dafür stehen dir die Helfer aus deinem Team zur Seite, denn du bist ein Pionier. Lass dich nicht beirren durch die Reaktionen deiner Umwelt, denn was du tust, ist lediglich, dein Geburtsrecht wahrzunehmen: Die freie Wahl, und du nutzt sie von nun an im höheren Sinne, was auf allen Ebenen bemerkt wird.

Höre gut zu, wenn du die Übung durchgeführt hast. Es kann sein, dass du akustische, taktile und visuelle Informationen erhältst. Sie zeigen dir, dass die Verbindung mit den höheren Netzwerken für dich aktiviert ist. Du kannst nun mit den Strahlen und ihren Helfern zusammenarbeiten.

Es grüßen dich aus der Liebe, aus der Freude Elohim Imanuel, Maitreya, Sananda und Mahi-a. Wir sind zuständig für die Lenkung kosmischen Bewusstseins. Das tun wir nicht alleine, aber wir stellen uns für eure Fragen zur Verfügung. Mit den neuen Verbindungen kannst du dich leicht an uns wenden und auch unsere Antworten entschlüsseln.

Wir lieben dich.
Du bist so geehrt für das, was du tust.
Wir sind an deiner Seite, Tag für Tag.

Diese Botschaft entstand in Zusammenarbeit mit den Gruppen des Solaren Logos, die für euch unermüdlich tätig sind, die Netzwerke zusammenzuhalten, an denen ihr beteiligt seid. Das Universum ist unermesslich und beinhaltet *alles*.

Das Leid und der Schmerz in euren Ebenen sind heilbar, liebe Menschen.

Wir lieben euch.

29. 3. 2008

Zahlengeometrie und Körperbewusstsein

Wenn du auf dieser Ebene des Mentalen arbeitest, sind Rhythmen wichtig, denn sie entsprechen bestimmten geometrischen Strukturen, die dem Erschaffen der Formen vorausgehen.

Deine Gedanken kristallisieren elektrische Substanz zu ganz bestimmten Figuren. So entsteht eine „Blaupause", die, wenn sie kraftvoll genug ist (das geschieht durch Aufladung), Materie anzieht und sich manifestiert.

Sowohl das Erschaffen als auch das Auflösen erfolgt in entsprechenden Rhythmen der Zahlengeometrie.

Du kannst also die vorangehende Formel einerseits auf alle Teile deines persönlichen Netzwerks anwenden, die bestimmte Lebensbereiche oder Einstellungen deinerseits betreffen. Selbstermächtigung ist der erste Schritt und die Voraussetzung für alle weiteren. Was nun geschieht, ist, dass dein Körper reagiert. Deshalb kannst du andererseits mit Affirmationen arbeiten, um dein Körper-Magnetfeld umzuprogrammieren, wenn sich dort Unregelmäßigkeiten zeigen.

Das empfehlen wir dir sehr, denn parallel zur Arbeit in den Netzwerk-Strukturen deiner Gedanken entlassen deine Körperzellen Substanzen, die an diese gebunden waren. Trinke *sehr* viel Wasser und segne es, während du es trinkst, denn dein Körper reinigt sich auf diese Weise schneller und leichter. Du wirst das merken.

Der natürliche Vorgang bei diesem Prozess ist es, dass Symptome an Stellen deines Körpers auftauchen, die von jeglicher Art und Beschaffenheit sein können, denn du bist ein im Prozess befindliches Wesen, und etwas, das verfestigt war in der Struktur, kommt nun wieder in Fluss. Die Störungen und Stauungen, die durch Festhalten in der Erstarrung nicht von dir bemerkt wurden, tauchen jetzt auf.

Wir empfehlen dir sehr das Buch „Heile deinen Körper" von Louise L. Hay. Nimm deine Symptome ernst. Manche von ihnen werden nur durch deine Zuwendung und Arbeit mit dir selber verschwinden, denn es bedarf hier einer Umprogrammierung. Wenn auch ein jeder Körper im Reinigungsprozess sehr von den Helfern in den höheren Dimensionen unterstützt wird, steht über allem der freie Wille des Menschen, und wir erwarten in diesen Fällen deine Willenserklärung, ob du bereit bist und beabsichtigst, eine Änderung herbeizuführen.

So kannst du die wunderbaren Formeln aus dem Buch dieser Pionierin anwenden, die wir alle sehr ehren. Suche dir deine persönliche Medizin, das Heilmittel, das aufgrund von Numerologie und Geometrie eine Umpolung initiiert, die du in dem für dich passenden Rhythmus durch Wiederholung einsetzt.

Das kann zum Beispiel bedeuten, wenn der Rhythmus einer „Zwei" entspräche, den Satz: "Ich bin sicher und geborgen" zweimal hintereinander bewusst auszusprechen und dabei zu fühlen, was in deinem Körper geschieht. Du kannst das Elementarwesen, das deinen Körper betreut, in diese Arbeit mit einbeziehen, wenn du Verbindung mit ihm aufnimmst. Wie ihr meistens noch nicht wisst, ist an dem Dasein, das ihr auf der Erde habt, mehr als ein Wesen beteiligt. Zur Aufrechterhaltung und Steuerung der Körperfunktionen dient ein eigenes Wesen, das in der Literatur gelegentlich als

„Körperelementarwesen" erwähnt wurde. Es teilt den physischen Körper mit dir und besitzt ein eigenes Bewusstsein. Wenn du ihm mit Achtung begegnest, kannst du mehr Freude in deinem Körper empfinden. Um dein physisches Leben umzustrukturieren, ist dieser Begleiter dein innigster Partner, denn alle deine Einstellungen sind ihm bestens vertraut. Anders als die Engel bewirkt dein Körperelementarwesen Heilung in der Materie, der materiellen Anordnung von Teilchen, die komplexe Strukturen wie Gewebe und Organe aufbauen. Es wirkt nicht über deinen physischen Körper hinaus, und so ist die Arbeit des Einen Geistes nach innen die Verwandlung des Körpers, in dem du wohnst, und nach außen eine Veränderung deiner Beziehungen zu anderen Menschen, Lebewesen und der ganzen Um- und Mitwelt.

Wenn du dein Körperelementarwesen kennenlernst, kannst du seinen Namen erfahren. Da es ein eigenes Bewusstsein ist, trägt es auch einen Namen, der sich von deinem unterscheidet. Der Name beinhaltet immer eine Zahl, die für dein Schwingungsfeld charakteristisch ist. Es können auch mehrere Zahlen sein. Eine einfache Übung, dies herauszufinden, ist:

Sitze entspannt und fühle dich sicher und geborgen. Gehe mit deinem Bewusstsein nach innen und spüre den Fluss, das Pulsieren der Energie in deinem Körper: den Rhythmus deines Herzens, das Ein- und Ausatmen, die Flüssigkeiten in den Gefäßen.

Summe ein *m* viermal hintereinander in absteigender Tonfolge und warte. Wiederhole das so oft, wie du es als richtig empfindest. Bist du an der Zahl der Schwingung angekommen, tauchen Folgen von Silben in dir auf, die sich fremdartig anhören können. Die letzte der Silben, die verbleibt, ist der Code für dein Elementarwesen. In den meisten Fällen entspricht die Silbe der Anzahl von Summenfolgen, die du gebraucht hast, um in Kontakt zu kommen. Du wirst es sehr deutlich spüren, besonders die Polarität in deinen Handflächen fühlt sich auf einmal sehr „lebendig" an; also ein Pulsieren zwischen den beiden Handinnenflächen, egal wie weit sie voneinander entfernt sind.

Gemeinsam mit deinem Körperelementarwesen kannst du innerhalb kurzer Zeit alle Umstellungen vornehmen, die du in deinem Körper für Gesundheit und Wohlbefinden brauchst.

Zurück zu unserem Anfangsbeispiel: Du sprichst den Satz: „Ich bin sicher und geborgen" unter Einbeziehung deines Partners, den du inzwischen kennengelernt hast, zweimal bewusst aus. Vielleicht reicht das schon. Vielleicht benötigst du diese Medizin auch öfter. Dann setze den Rhythmus entsprechend fort: zwei mal pro Tag, zwei Mal pro Woche, zwei mal am Tag für zwei Wochen – das sind nur Beispiele. Bei akuten Schmerzen wäre auch zweimal pro Stunde hilfreich. Hierbei achtest du ganz genau auf dich. Du lernst, die Botschaften deines Körpers zu erkennen und in der Zusammenarbeit, die daraus entsteht, immer genauer und besser wahrzunehmen. Die Beziehung zu deinem Körper als Spiegel der Haltungen und Einstellungen, die du trägst, ist essentiell wichtig für dich.

Wir grüßen dich aus der Freude, aus der Liebe, aus dem Licht! Gesegnet bist du, und gesegnet ist das Ganze, in dem wir einander begegnen.

Die Elohim des Ersten Strahls der Inkarnation und Begleitung am 10. 4. 2008

Auch hier gibt es noch einen weiteren Schritt, der vorzunehmen ist, um die Wirksamkeit des Vorangegangenen zu bestä-
tigen. Am Ende eines ermittelten Zyklus – in unserem Beispiel wären das die letzten zweimal zwei Sätze: „Ich bin sicher
und geborgen" – begib dich sogleich, nachdem du sie gesprochen hast, in dein Herz. Du spürst die Gegenwart der Heiligen Flamme. Sende Licht aus dieser Flamme hinauf in dein
Gehirn. Spüre alles, was dabei geschieht, und lasse dieses
Licht so lange fließen, bis es die Farbe zu Gold wechselt.

Dann ist die Umprogrammierung abgeschlossen. Warte
mindestens einen Tag, bis du dir ein neues Thema vor-
nimmst.

Genieße dich und erfreue dich. Finde deine eigene, passen-
de Weise, die neue Verbindung zu feiern, die du hier geöffnet
hast, denn das hast du.

Genieße die Geschenke der Freiheit.

Wir lieben dich.

Die Elohim des Zweiten Strahls der Manifestation
am 13. 4. 2008

Mehr Licht in deinen Zellen

An dieser Stelle könntest du feststellen, dass es sich sehr merkwürdig anfühlt, was du getan hast. Wenn das der Fall ist, bemerke es und feiere es als Zeichen deines Erfolgs. Denn was ist geschehen? Du hast einen großen Teil deiner vertrauten Muster, die dir zur Gewohnheit geworden waren, gelöscht und teilweise überschrieben. Es *muss* ein anderes Lebensgefühl in dir ausgelöst haben, wie sollte es anders sein? Und dieses Neue ist dir nicht vertraut und du bist es nicht gewohnt.

Ja, mein Lieber, meine Liebe, dies ist dennoch die Wirkung der göttlichen Gnade und ein Zeichen von mehr Licht in deinen Zellen. Dein Körperbewusstsein registriert *alles* in deinem Leben, was geschehen ist und was in diesem Moment geschieht. So erleichtere dir das Ankommen Schritt für Schritt, indem du jeweils nach dem „Ruhetag" den Teil von Spirit in dir begrüßt, der an die Stelle der aufgelösten Gewohnheiten getreten ist. Denn dafür ist eine Übergangszeit, wie wir sie dir beschrieben haben, wichtig. Die Substanzen über deinen Stoffwechsel auszuscheiden ist nur ein Teil davon, den du bemerken kannst. Auf den anderen Seelenebenen wird von den Helfern des Lichts eine Umstrukturierung im Ätherischen durchgeführt. Alles in allem kann sich das darin zeigen, dass du ein starkes Bedürfnis danach hast, mit dir selbst zu sein, und vielleicht auch sehr müde bist. Dann sorge gut für dich und deinen Körper, der in dieser Zeit signalisiert, was er braucht. Es ist gewissermaßen ein Übergang und ein Wechsel, der umso leichter möglich ist, je aufmerksamer du dir selbst gegenüber bist. Und je nach deinen Möglichkeiten und den Umständen deines Lebens kann der von uns beschriebene „Tag" länger oder kürzer ausfallen. Auch das ist richtig und angemessen und sollte dir keine Sorgen bereiten.

So ist die letzte Formel in diesem Zusammenhang eine, die die neuen Teile von deinem Lichtkörper in den physischen Körper integriert.

Du sprichst sie einmal laut, denn sie bedeutet Vereinigung:

Ich bin ein strahlendes und kraftvolles Wesen in einem manifestierten Körper, in dem sich mein Sein ausdrückt in bedingungsloser Liebe und Freude.

Bitte verbinde dich, wenn du das sprichst, wieder zunächst mit deinem Körperelementarwesen, das die Integration bewirkt. Danke für seinen Dienst und erfreue dich an deiner neuen Verfassung.

Wir lieben dich.

Erkenne dein Mitschöpfertum. Es ist wichtig. Du hast es absolut in der Hand, in Freude und Leichtigkeit schnell deine gesamte Erfahrungswelt zu verändern.

Dies sind die wichtigsten Werkzeuge dafür, weil deine Gedankenwelten der Manifestation vorausgehen. Erforsche dich genau. Wir sind bei dir und wir helfen dir. Lass zu, dass die freiwerdenden Gefühle dich überschwemmen. Das ist das Zeichen ihrer Lösung. Die Elohim des rosafarbenen Strahls der Liebe und des Mitgefühls sind sofort an deiner Seite, wenn du sie bittest.

Dies ist die Zeit der Liebe. Dies ist die Zeit der Gnade und der Erlösung.

Du bist hier, um genau das zu tun.

Wir lieben dich.

Die Elohim des Zweiten Strahls der Manifestation
am 15. 4. 2008

Das Innere Kind

Worauf ihr gefasst sein müsst, ihr Lieben, ist die Verzweiflung des Inneren Kindes.

Eure Erziehung hat erhebliche Mengen an Kummer in euch hervorgebracht, der nie angemessen ausgedrückt werden durfte und konnte, denn durch Verdrängung und Unterdrückung eurer wahren Gefühle habt ihr die Anpassung gelernt an das, was sich gehört und nach Auffassung eurer Bezugspersonen gesellschaftlich üblich war.

Selbst wenn sich im Erwachsenenalter neue und andere Möglichkeiten für euch ergeben haben und durch die Veränderung und Entwicklung der Technologie mehr Wissen, Informationen und Möglichkeiten zur Verfügung stehen, als Generationen vor euch gehabt haben, liegt doch in dir, in deinem Inneren, noch all das Unterdrückte verborgen. Teilweise mit neuen Aufschriften versehen, sodass du nicht einmal mehr weißt und wissen kannst, woher deine Gefühle kommen, wohin sie gehören, wenn sie durch Licht und Liebe in dieser Zeit an die Oberfläche geholt werden.

Dann ist es schwer, den Überblick zu behalten und ein Fünkchen von Vertrauen leuchten zu lassen, denn es wird heraufgeholt und trifft dich mit voller Wucht.

Verurteile dich nicht dafür.

Es ist ein *gutes* Zeichen.

Du stehst vor der Tür deines ureigensten, inneren Wissens, und sie ist dabei, sich zu *öffnen*.

Es ist ein einsamer Weg in diese Verzweiflung. Du wirst dich nicht in der Lage fühlen, darüber zu sprechen, und wer von euch kann sich hinstellen und die Wut über seine Unterdrückung als das wunderbarste, herrlichste, vollkommene göttliche Wesen das du bist und warst und immer sein wirst, herausschreien? All die Traurigkeit der ungeweinten Tränen über das Leid der Menschen, die du liebtest und liebst? Die ganze Verzweiflung der Gefangenschaft in einem kindlichen Körper, der auf vielerlei Weise erlebt hat, wie es ist, nicht geachtet und respektiert zu sein. All der Hass und Groll gegen die Unterdrücker und die Unterdrückung.

Das ist das Elend, das ihr heute noch im Außen zu bekämpfen sucht. Das Leid der Erde, das Leid der Menschen, das Elend der Opfer und der Geopferten. Warum wohl konnte die christliche Religion den Gläubigen die Verherrlichung des Todes so lange auferlegen? Schau genau hin, was das mit dir macht, welche Gedanken diese Sätze in dir auslösen und vor allem welche *Gefühle*. Sie werden dir sehr bekannt vorkommen, Lieber, Liebe. Nun reduzieren wir alle diese Gefühle auf ein Mindestmaß an den Ursprung ihrer Entstehung. Reine Energie, Ausdruck eines sich selbst empfindenden Bewusstseins.

Verstehst du?

An der Schwelle der Interaktion entsteht das *Gefühl*.

Es ist heilig, integer und absolut geehrt.

Erkenne an, dass dieses sich Ausdruck verleihende Bewusstsein in dir rechtmäßig ist, eine Berechtigung hat...und lass es gehen. Denn nun muss es nicht länger an stillen und verborgenen Orten festgehalten werden, in dieser Zeit, in der alles ans Licht kommt, um die Zellebene zu erleichtern. Du kannst so viel mehr Leichtigkeit und Freude in dir empfinden mit dieser Energie der Liebe, der Akzeptanz, des Zulassens. Auch wenn gerade der Schmerz in dein Bewusstsein tritt. Stell dir eine Waage vor: auf der einen Seite das Leid der Welt und auf der anderen Seite die ewige Freude des Seins, der Unendlichkeit. Und wir sagen dir: Die Unendlichkeit fließt über und über, und der Schmerz heilt, indem du das innere Kind tröstest und liebst. Denn es hat Bitteres erlebt und niemals angemessen ausgedrückt. Anerkenne die Reinheit und die Unschuld deiner unsterblichen Seele, die aus Liebe auf diesen Planeten gekommen ist.

Aus Liebe, nur aus Liebe.

Das ist die Wahrheit.

Und so ermutigen wir dich, in den dunkelsten Stunden ein Licht zu entzünden, indem du anerkennst, wer du wirklich bist und warst und je sein wirst: ein Kind der Liebe.

Ein jeder hier ist es, auch deine Eltern, deine Geschwister, deine Feinde; jene, die dich quälten, dich missachteten, deine Gefühle nicht respektierten, deine Grenzen verletzten, dir vorsätzlich weh getan haben. Auch sie tragen und trugen an dem Schmerz, den sie in sich nicht anschauen konnten.

Weißt du, es ist noch nicht so lange möglich, aus der Dunkelheit zu finden, denn der Zyklus der Erfahrung wurde bis vor Kurzem auf einem bestimmten Level gehalten.

Darum vergib dir selbst und allen anderen den Schmerz und das Leid, die ein Teil aller menschlichen Erfahrung gewesen sind. Denn dies ist die Zeit der Gnade. Und auch du bist Liebe, bist Gnade.

Und so ist es.

Erzengel Jophiel-Bewusstsein
am 21. 4. 2008

Seelenbewusstsein

Du hattest eine Frage bezüglich der Kontinuität der Seele in Bezug auf die Erinnerungen an frühere Leben. Nun, es ist gewiss so, dass sich die Seele immer wieder neu mischt. Tatsächlich gibt es das, was ihr als einheitliche Seele in eurer, vom materiellen Körper ausgehenden Vorstellung habt, nicht. Die Seele ist absolut, unendlich und durchlässig, die Seele ist allumfassend und mit allem verbunden. Sie hat keine Gestalt. Der Geist ist das erschaffende Prinzip, die Seele das Gestaltende. Es ist die Unendlichkeit, die in den beiden Prinzipien männlich/weiblich zum Ausdruck gebracht wird. So sind in der Körperlichkeit beide anwesend und bilden ein Neues in der Struktur.

Jetzt fragst du dich, was bin ich dann? Woher kommen meine Erinnerungen? Bin ich denn „Jemand" oder eher „Etwas"? Vielleicht nur „ein Teil von"? Wir würden sagen: alles das und noch mehr. Das Eine schließt das Andere nicht aus. Es ist wie mit den Babuschka-Puppen, und so könnt ihr euch das mit der Körperlichkeit auch vorstellen. Persönlichkeit ergibt sich durch die Kombination der beteiligten Anteile, zum Beispiel auch der Elemente. Doch wenn du aus dem Körper gehst, hat die umliegende Schicht durch Energieaustausch eine Prägung durch das Leben, das du gelebt hast, erhalten. Deine Erfahrungen, Gefühle und Einstellungen sind dort abgespeichert wie auf einem Chip.

Wer wählt dann eigentlich aus, was ich im nächsten Leben erleben will?

Das Ganze wird zum Selbstläufer, sozusagen. Am Anfang ist der Wunsch, eine bestimmte Erfahrung zu machen, maßgeblich. Dann werden, um das Bild zu vervollständigen, alle Konstellationen dieses Themas von dir herausgesucht. So wirst du für ein bestimmtes, von dir selbst gewähltes Gebiet zum Experten. Das Szenario auf der Erde stellt die Bühne dar und je nach Zeit und Ort stehen eine Vielzahl von Charakteren zur Verfügung, die deine Seele ausfüllen und beleben kann, um wie ein Mikrochip durch sie „beschrieben" zu werden. So gesehen ist deine Seele ein völlig neutraler Aspekt des Lebens-an-sich.

Wenn du im Körper bist und ein Gehirn benutzt, hast du auch ein mehr oder weniger fest definiertes „Ich", das dein Wollen und deine Entscheidungen bestimmt. Es ist nicht identisch mit deinem Seelen-Ich, aber es wird beeinflusst durch die Summe der schon gespeicherten Erfahrungen, wenn die Chakren anfangen, in einem bestimmten Modus zu rotieren, der den Zugang bildet.

Man könnte die Ebenen der menschlichen Erfahrung beschreiben. Die untere Ebene bedeutet vollständige Isolation von den feinstofflichen Impulsen im Bewusstsein. Du erlebst dich im Körper und in deiner Erfahrung in der Welt als vollkommen isoliert, ein Einzelwesen. Auf der mittleren Ebene der Erfahrung erhält das Individuum Zugang zu weiteren Informationen, wo die Kanäle für den Informationsfluss durch die Eigenentwicklung in Schwingung geraten. Du erinnerst dich an frühere Leben, weil die Erfahrungen für dich zugänglich werden, weil sie in dein Bewusstsein treten. Das ermöglicht dir, aus umfassenderem Wissen heraus zu handeln und zu verstehen. Trotzdem bist du mehr als das, und im Letzen wird offenbar, dass du ein Teil der Evolution des Ganzen bist. Du behältst dein eigenes Bewusstsein, das sich aus den Erfahrungen entwickelt hat und von euch mit „Persönlichkeit" bezeichnet wird. Gleichzeitig bist du der Ozean – und was dieses Wissen in der Erfahrung verändert, seid ihr gerade dabei zu erleben.

Wir lieben es, euch dabei zuzusehen, denn auch wir sind diesen Weg einst gegangen.

Gleichzeitig ist es so, dass Gedanken Netzwerke bilden und Gefühle Felder. Diese sind *alle* miteinander verbunden. So ist das Ganze im Ganzen und bildet wiederum ein Ganzes.

Denkt darüber nach, es ist von großer Bedeutung. Tief und inniglich in allem ist die Liebe, und das ist kein Spruch.

So kannst du in deinem Bewusstsein, durch dein Bewusstsein und mit deinem Bewusstsein teilhaben am Fest des Ganzen. Wir auf dieser Ebene kennen keinen Schmerz. Schmerz ist ein Attribut der Körperlichkeit, der Verkörperung. Erinnerungen an schmerzliche Erfahrungen, in den Emotionalkörpern gespeichert, treten jetzt durch die Veränderung im Universum heraus. Das ist es, was euch überflutet. Ihr befindet euch in einer Befreiungsaktion ohnegleichen, die den Aufstieg in einen höheren Lichtquotienten bedeutet. Das ist ein Geburtsvorgang im Universum, und es ist die Stunde eurer Geburt, auf eine höhere Ebene der Wahrnehmung und des Gewahrseins zu gelangen, im vollen Bewusstsein eurer selbst. Wenn ihr das wirklich begreift, ist es leicht, den Schmerz zu umarmen. Dieser Akt der Liebe und der Gnade, dessen Teil ihr seid, wurde für euch geschrieben, und ihr habt es gewählt, ihn zu spielen.

So sprechen die Elohim des Dritten Strahls der Liebe und Befreiung am 14. 5. 2008

Auflösung von Zwangshandlungen

Es kann sein, dass du eine bestimmte Reaktionsweise immer wieder an den Tag legst, obwohl du das Verhaltensmuster dazu schon lange aufgelöst hast. Dann produzierst du die entsprechenden Spuren in deinem Gehirn immer wieder neu. Das heißt, du erschaffst das Muster trotzdem wieder. Dies betrifft solche Verhaltensmuster, die in der Psychologie „Zwänge" genannt werden und zu immer wiederkehrenden Zwangshandlungen führen. Das ist gar nicht so selten. Bei manchen Menschen, die in psychiatrischer Behandlung waren, ist es nur stärker aufgefallen. In Wirklichkeit ist euer sogenannter Alltag schon ein Konstrukt, das auf solchen Mustern beruht.

Deshalb ist eine Neuerung in deinem Leben der Moment, in dem dein System Alarm schlägt und es auszugleichen versucht, um die „Normalität" des Vertrauten, Gewohnten wiederherzustellen. Das heißt, du fängst an einem Ende an, dich zu befreien, und überall gehen die roten Lichter an. „Hilfe, da kommt etwas Fremdes!" Hormone werden ausgeschüttet, die Signale von Bedrohung übermitteln – selbst wenn das „Fremde" ein Glücksgefühl ist!

Tatsächlich geschieht das so. Dann werden alle Strategien aktiviert, um den Normalzustand wiederherzustellen, und du machst genau das, was du in einer Unsicherheit immer gemacht hast. Das aufzulösen, ist viel schwieriger, weil es die

Grundfesten deines Systems betrifft. Du müsstest dich völlig neu erschaffen, um das nicht mehr zu brauchen. Bis jetzt hast du alle Veränderungen *mit* diesen Begleiterscheinungen durchlebt. Du kennst sie und bist oft dadurch in erhebliche Zweifel an deiner Integrität geraten. Nicht selten werden Besetzungen durch andere Wesenheiten dafür verantwortlich gemacht, aber der Schöpfer dieses Musters bist du, und andere Wesen, die davon angezogen werden, sind nur die „Trittbrettfahrer". Deren gibt es viele, doch sind sie nicht bedrohlich und können auch niemandem ihren Willen aufzwingen – das gibt es nicht. Wohl erzeugen sie eine Verstärkung, aber wisse, dass dies in allen Bereichen des Denkens und Fühlens der Fall ist, denn du bist nie allein, das ist eine Illusion!!! Und niemand von außen kann dir Schaden zufügen, auch das ist eine Illusion. Alles beruht auf deiner Entscheidung und der Auswirkung der Gesetzmäßigkeiten des Universums: im Mikro- und im Makrokosmos. So werden auch die Gedankenmuster durch deine Entscheidung gebildet, erhalten und wieder verändert.

Gut, sagst du, soweit sind wir schon. Ich habe doch bekundet, dass ich dieses Muster verändern will! (Und zwar schon tausendmal.)

Ja, Liebe, Lieber, aber du warst dir nicht im Klaren darüber, dass du die Trittbrettfahrer entlassen musst! Diese erwarten ihre gewohnte „Nahrung" und verfallen in totale Panik, wenn sie ausbleibt; und das geschieht zusätzlich zum Großalarm in deinem eigenen Körpersystem, der Biologie, die auf Viren übrigens ganz genauso reagiert (kannst du nachlesen).

Nun geben wir dir eine kleine Anleitung, wie du das machen kannst.

Es ist völlig ungefährlich und niemand kommt dabei zu Schaden.

Rufe Erzengel Michael.

Visualisiere das Muster der Handlung (es reicht, wenn du an den Zwang denkst und dann in deinen Kopf hineinfühlst). Sprich folgende Formel:

Mit der Kraft des heiligen Geistes erschaffe ich mich , (dein Name), neu, in diesem Augenblick und für alle Zeiten und anerkenne die Lebenskraft, die alles neu erschafft.

Danke den Wesen um dich herum mit den Worten:

Auch ihr seid geschaffen aus der Liebe. Ich entlasse euch in die Freude des Daseins auf einer neuen Ebene. Ich danke euch für die Erfahrung, die wir einander schenken. Ich liebe euch.

Sodann wird Erzengel Michael diese Wesen von dir wegführen, und alle verbindenden Elemente drehen sich. Sie verändern ihre Stellung zueinander so, dass andere geometrische Strukturen entstehen. Dann bist du frei.

Trinke im Folgenden viel klares Wasser, denn dein Körper geht in eine Reinigung von allen chemischen Verbindungen des Musters, das du nun endgültig aufgelöst hast.

Anerkenne und genieße deine neue Verfassung und sei sicher, dein Leben wird sich neu gruppieren. Es kann sein, dass die Phase, in der du mit dieser Formel arbeitest, mehrere Tage dauert. Wir empfehlen, nur einmal am Tag, am besten früh morgens in der Stille, diese Formel anzuwenden und dann sehr rücksichtsvoll mit dir umzugehen. Deine Zwänge werden sich nacheinander melden, bis du alle aufgelöst hast.

Wir lieben dich.

Die Elohim und die Aufgestiegenen Meister der Bruderschaft der
Freude am 5. 6. 2008

Heilung und Erneuerung

Geliebte Seelen!

Wir aus unserer Ebene beobachten mit Freude, wie eure Entwicklung voranschreitet. Eine jede Einheit und Wesenheit des Universums ist im Kosmos über alles geliebt, und das ist etwas, das zurzeit noch jenseits eurer Vorstellungskraft liegt. Als Menschen habt ihr es mit so vielen Einschränkungen eures Vermögens zu tun wie kaum eine Wesenheit des gesamten Universums in der Stofflichkeit. Das liegt daran, dass euer Universum und eure Erfahrungsebene speziell für den Zweck erschaffen wurde, die Gotterkenntnis auszuschalten, um sich in den Bedingungen einer neuen Bewusstseinsrealität zurechtzufinden und zu erproben. Wir wollten sehen, inwieweit es möglich ist, ein eigenes Schöpfungsbewusstsein zu entwickeln, das die Erfahrung neuer Ebenen ermöglicht.

Nun habt ihr diese Begrenzung als äußerst schmerzhaft erlebt und erfahren, denn in Unbewusstheit wurde Leid und Schmerz erschaffen, was auf andere Weise gar nicht möglich gewesen wäre. Ihr selbst vermögt es kaum als Gewinn und Bereicherung zu sehen, was ihr dem Kosmos hinzugefügt habt, und so wollen wir einmal Entlastung schaffen, indem wir dieses Thema für euch beleuchten.

Das Universum, in dem ihr seid, ist ebenfalls ein Lebewesen, das über Bewusstsein verfügt. Wir und ihr sind alle Teile davon.

Nun ist das Ganze immer mehr als die Summe seiner Teile, nicht wahr?! Doch wie können die Teile das Ganze erfassen? Es gelingt, indem du dein eigenes Bewusstsein einstellst auf die Schwingung des Ganzen, der Ganzheit, in eurer Sprache durch die Zahl *Eins* symbolisiert. Nun habt ihr das vielleicht schon oft versucht und gar nicht den Eindruck, dass es geht. Das liegt daran, dass alle Hindernisse, die dein Denken und Handeln prägen, in diesem Moment ausgeschaltet werden müssen. Wenn du zurückkehrst aus der Einheit, sind sie jedoch die Bahnen, in denen die Energie deines Systems fließt. Das führt dazu, dass alle Botschaften und Eindrücke, die aus dem höchsten Bewusstsein zu dir in deine Persönlichkeit gelangen, sich in dir bekannten Termini abbilden. Unter Umständen bringst du diese dann gar nicht mit deinem vorübergehenden Wechsel der Bewusstseinsebene in Verbindung. Es kann sogar sein, dass die Informationen, die du in Form von Bildern übersetzt hast, solche Gefühle in dir auslösen, die du als unangenehm empfindest aufgrund deines persönlichen Erfahrungshintergrundes in einer Welt, die schmerzvolle Erlebnisse erst möglich gemacht hat. So haltet ihr bestimmte Resonanzen zu Zuständen und Personen aufrecht, die in der Entschlüsselung von Informationen durchaus zu Verzerrungen führen können.

Dann bist du auf dem Holzweg und fühlst dich abgeschnitten von Sicherheit und Geborgenheit, die im Kosmos überall gegenwärtig sind.

Solche Strukturen können in der neuen Energie nicht mehr aufrechterhalten werden und sind in so einem Moment nur durch das Öffnen in Liebe neutralisierbar. Wenn du das tust, verschwindet die Verzerrung, und gleichzeitig hast du ein überholtes Muster auf mentaler und emotionaler Ebene durch Auflösung in dir selbst und auf den vorhandenen Resonanzebenen gelöscht.

Du wirst immer wieder dazu aufgefordert sein, denn das sind die Stellen, an denen dich der Schuh drückt, wenn du zurückkommst aus deiner Meditation, aus Momenten der Leichtigkeit und morgens beim Aufwachen.

Ihr seid beim Aufräumen, liebe Menschen, und so lieben wir euch immer, wie ihr seid, – und urteilen nicht. Denn auf unserer Ebene der Schwingung existiert nur allezeit allumfassende Liebe und Einheit. Ihr jedoch seid in die Vereinzelung gegangen, und ihr seid dabei, ein neues Universum in euch selbst und durch euch zu erschaffen. Das alte Bewusstsein durch Schmerz hat seine Aufgabe erfüllt, indem die Erfahrung gemacht und der Liebe hinzugefügt wurde.

Wir wissen, dass dies für euch schwer zu verstehen ist, doch schau dir an, wie du mit dir selbst umgehst, wenn du eine körperliche Verletzung erfährst. Du richtest deine Aufmerksamkeit auf diese Stelle, um Heilung herbeizuführen, und die allumfassende Liebe des Alles-Was-Ist sorgt für den Ausgleich dort, wo er benötigt wird. Das Ergebnis ist Heilung und Erneuerung: die Wunde schließt sich, eine neue Haut wird gebildet – dies ist ebenfalls Schöpfung, die in der sichtbaren Dimension ein Ergebnis zeigt.

So habt ihr, liebe Menschen, die vermehrte Aufmerksamkeit der Engel, um eure Wunden zu heilen und körperliche und seelische Unversehrtheit wiederherzustellen, wenn ihr die Liebe des Alles-Was-Ist im Brennpunkt eures Bewusstseins haltet. Mehr braucht es nicht, niemals. Und je mehr Begrenzungen für dich verschwinden, um so leichter und freier fühlst du dich auch. Deshalb nimm jede Gelegenheit zum Anlass, die höhere Dimension des Bewusstseins zu erfahren und Freude und Befreiung in alle Welten hineinzutragen. Durch Resonanz bist du mit anderen Menschen verbunden, die noch ungelöste Probleme mit sich tragen. Wenn du merkst, dass du Ihnen helfen kannst, ist das ein Zeichen dafür, dass deine höheren Verbindungen jetzt aktiviert sind. Selbst wenn es deine eigenen Einschränkungen sind, die dich bedrücken, bist du in diesem Kontext ein Teil der universellen Hilfe des Alles-Was-Ist, um Erleichterung und Befreiung zu bringen. Du hast das Signal dafür erhalten in dem Moment, wo du es spürst. Die Nächstenliebe ist gleichzusetzen mit Hilfe zur Selbsthilfe, und so folge dem Aufruf deiner Seele, für andere da zu sein und sie bedingungslos zu lieben, um allumfassende Heilung zu bringen. Hier bist du mit uns vereint und so schließt sich der Kreis.

Wir lieben dich.

Erzengel Jophiel-Bewusstsein
am 13. 6. 2008

Du lebst in einem sicheren Universum

In der Tat, liebe Menschen, seid ihr auf dem Weg in eine neue Weise der Existenz. Dabei, innerhalb des sogenannten „Lichtkörper-Prozesses", ereignen sich verschiedene Dinge, die euch merkwürdig anmuten. Um hier mehr Sicherheit zu bekommen, erhaltet ihr die Führung aus den höheren Ebenen. Wir sind Wesenheiten, die diesen Prozess schon mehrmals als inkarnierte Personen durchlaufen haben und deshalb verschiedene Varianten davon ganz gut kennen. Trotzdem er folgerichtig aufgrund von Gesetzmäßigkeiten stattfindet, ist dieser Prozess für jeden von euch in Form und Auswirkung verschieden, weil die göttliche Energie sich hier genau durch *dich* manifestiert: auf deine ganz einzigartige und individuelle Weise. Und so gestaltest du auch diesen Prozess für dich selbst nach deinen eigenen Vorlieben, Befindlichkeiten und Vorgaben entsprechend. Dies zu erkennen, ist ein ganz wesentlicher Baustein, um deine neu gewonnene Freiheit einzusetzen.

Was die Folgerichtigkeit und Gesetzmäßigkeit betrifft, kann ein Schema, das durch ein Medium übermittelt wird, nur Anhaltspunkte bieten; Eckdaten liefern, an denen du bestimmte Bestandteile deiner Entwicklung erkennen kannst. Denn das Ganze ist komplex und ereignet sich in Wirklichkeit in Multi-D, was jeder Linearität von vornherein widerspricht.

Deshalb gibt es auch so viele Erklärungen, und sie sind, wie ihr leicht feststellen könnt, nicht gleich. Also, was wir hier sagen können, um dir zu helfen, ist folgendes: Akzeptiere das Ganze einfach so, wie es ist. Du lebst in einem sicheren Universum. Wenn dich etwas ängstigt, hat das zu tun mit alten Angstmustern, die in deinen feinstofflichen Körpern auf kristalliner Ebene eingeprägt sind und durch die hinzuströmenden solaren und kosmischen Wellen von Lichtquanten und anderen Energieformen, über die ihr jetzt noch gar nichts wisst, aktiviert werden. So erlebst du genau die Situationen, die durch jene Prägungen, die sich in deinen Lichtkörpern befinden, ausgelöst werden. Das hat den Zweck, dir buchstäblich all das vor Augen zu führen, was du seit meist mehreren Inkarnationen mit dir herumschleppst. Wenn es sich dir nun in aller Deutlichkeit zeigt, werden wiederum alle betroffenen Ebenen mit ausgelöst: das heißt, die entsprechenden Emotionen, Gedanken und beteiligten Personen sind meistens auch wieder dabei, oder sogenannte Stellvertreter, die das Thema ebenfalls in sich tragen. Aufgrund von Resonanz gibt es hier keine Zufälle und keine Ungerechtigkeit. So siehst du dich als Zentrum deines Universums, und was in deinem Außen geschieht an willkommenen und auch an widrigen Umständen, ist das Abbild deiner eigenen, inneren Wirklichkeit und augenblicklichen Verfassung. Die Betonung liegt hier auf augenblicklich, Lieber, Liebe, denn was du jetzt tun kannst, ist, dich vollkommen aus allen angesammelten Mustern und Konstellationen zu lösen. Dies ist der Akt der Befreiung und der Auftakt zu einer Neuen Erde, den ihr gerade auf der Bühne des Lebens spielt.

Wenn dich also die Ängste überrollen, so sei dir bitte bewusst, dass dies eine der meist letzten Stufen des Lichtkörperprozesses ist, in dem du dich seit längerem schon befindest!

Es fühlt sich an wie ein enormer Rückschritt, aber das ist es nicht. Es ist ein Signal von dir an dich selbst, dass du bereit und in der Lage bist, diese Befreiung jetzt zu vollziehen. Was tatsächlich passiert, ist, dass sich all deine früheren Ichs, die die auslösenden Situationen für die Angstmuster erlebt haben, um dich herum versammeln. Das kann sich sehr dicht anfühlen. Du solltest das nicht verwechseln mit sogenannten „Besetzungen" vor denen unter euch immer noch sehr viel Angst ist. Es sind auch keine außerirdischen Spione, die dich beobachten, es sind tatsächlich Teile deines eigenen Selbstes, die zu verschiedenen Zeitpunkten die zugrundeliegenden Traumata des ausgelösten bzw. des durch hinzukommende Energie aktivierten Musters erlebt haben. Möglicherweise sind es sehr viele, wenn du viele Leben mit diesem Thema als Mensch auf der Erde verbracht hast. Und das habt ihr, Liebe, alle. Denn jetzt sind die Energien so stark, dass die kollektiven Traumata in den Individuen zum Mitschwingen kommen, was bedeutet, dass ihr als Stellvertreter in dieser Position handelt, was die Gesamtfelder der Erde, die ebenfalls mehrere Energiekörper hat, betrifft. So seht ihr wiederum eure Schlüsselposition in einem neuen Zusammenhang.

Diese früheren Ichs, die sich um dich herum befinden, bedürfen in erster Linie der Liebe. Das klingt paradox, wenn du in völliger Panik bist, aber es ist so.

„Begegnet der Angst in Liebe" war ein Aufruf im ersten Buch, und das ist meist leichter zu bewerkstelligen, wenn es sich um eine diffuse Angst, die du wahrnimmst, handelt, als bei deiner eigenen. Deshalb ist dies die Kür, Lieber, Liebe, denn was du hier tust, verwandelt dich, und eine neue Verfassung deiner selbst wird das Ergebnis sein. Das setzt allerdings die vollständige Bereitschaft und Erlaubnis voraus, alle karmischen Prägungen ganz und gar loszulassen. Unter Umständen erkennst du dich danach nicht wieder, denn du wirst damit vollkommen verwandelt sein.

Wohlgemerkt: Es geht hier nicht um die Auflösung von Karma, die viele von euch längst vorgenommen haben, sondern um die Umwandlung der kristallinen Schichten des Lichtkörpers, die noch sämtliche Einprägungen jener Erfahrungen tragen, die du als Lernerfahrung gewählt hattest.

Wenn du einen beständigen Druckschmerz im Bereich von Magen und Solarplexus fühlst, ist es soweit. Du hast die vollständige Freiheit der Entscheidung, dein Leben in diesem Moment zu erneuern.

Bitte alle früheren Ichs, die sich in deinem Energiefeld aufhalten, weil die Zeitlinien in diesem Prozess verschmelzen, hinein in dein Herz und umgebe dich völlig mit dem rosafarbenen Licht der bedingungslosen Liebe.

Wenn du Bilder aus Situationen siehst, die jetzt zum Zweck der höheren Erkenntnis in dein Bewusstsein treten können, lass das rosafarbene Licht ebenfalls hineinfließen.

Bitte die Engel der Transformation und die Goldene Welle in dein Energiefeld, um alle Rückstände von Angst, Trauer und Schmerz aufzulösen.

Beobachte ruhig, was du sehen, hören und fühlen kannst. Zentriere dich dabei in der Heiligen Flamme inmitten deines spirituellen Herzens, das du im Zentrum des rosafarbenen Lichts kraftvoll fühlen kannst.

Bewusstsein und Gewahrsein reichen völlig aus, dass sich die Transformation für dich vollzieht.

Es ist möglich, dass du verschiedene Farben siehst, die zur Anwendung kommen, um Bereiche in deinen DNA–Schichten zu heilen.

Fokussiere dann wieder die Goldene Welle.

Die letzte Schicht ist kristallin, und du siehst oder fühlst das kristalline Licht. Es ist anders als die Farbe, und das Pulsieren der Goldenen Welle wird damit beendet.

Du empfindest einen Unterschied in der Bewegung und in der Farbe. Achte darauf.

Mit dem kristallinen Licht wird die DNA versiegelt und das Programm deines Höheren Selbstes aktiviert. Du solltest das nur tun, wenn du wirklich dazu bereit bist, denn dein Leben verändert sich dadurch derart, dass du es nicht wiedererkennen wirst. Du erhältst neue Lichtwerkzeuge, neue Geistführer und wirst in großer Geschwindigkeit an deine Aufgaben herangeführt. Deine Beziehungen zu anderen Menschen werden sich verändern. Dein Kanal wird gereinigt und die Kommunikation mit dem Höheren Selbst wird dich führen. Von da an brauchst du keine Anleitung von außen.

Wir lieben dich.

In Liebe und Freude aus der siebten Dimension Helahael, Murael, Eliel am 19. 6. 2008

Lächeln

Geliebter, Geliebte, so empfangen wir dich in Freude unter uns und teilen Weisheit und Erkenntnis, die dich in eine neue Form der Verbindung mit deiner Körperlichkeit bringen.

Auf der siebten Lichtkörperebene findet die letzte, intensive Reinigung statt. Das führt zu Erscheinungen in deinem stofflichen Körper, die dich glauben lassen, du hättest manche Muster nicht wirklich aufgelöst , weil die Symptome wiederkehren. Nein, Lieber, Liebe, du hast durch deine Absicht die Verbindungen und Geometrien tatsächlich vollkommen erneuert. Was jetzt noch bleibt, ist die Erinnerung von Spuren, die verkörperlicht wurden. Zudem hast du im Letzten Entgiftungserscheinungen, die über diese Spuren deine Erinnerung beleben. Sei in Frieden damit. Wir helfen dir auch hier. Es ist nur ein weiteres Zeichen deines Fortschritts, wenn das mit dir geschieht. Deine Seele-Körper-Verbindung hat die neuen Programme geladen, und über diese und deine nun voll aktivierte DNS bedarf es nicht mehr vieler Worte, um eine Veränderung herbeizuführen. Ein Blick, ein Lächeln und ein offenes Herz genügt.

So stelle dich vor den Spiegel und schau dir in die Augen. Sage: Danke, lieber Körper, dass ich in dir und durch dich vollkommen glücklich bin. Lass Liebe in deine Symptome fließen, was immer sie auch sind. Das genügt. Denn du bist vollkommen. Du befindest dich jetzt in der Ganzheit deines Wesens, im Vollbesitz deiner Kräfte mit freiem Zugang zu allen Erfahrungen, die du je hattest. Die Kraft und Stärke deiner ureigenen Weisheit und Liebe vermögen jeglichen materiellen Prozess umzukehren, und das ist Heilung – in dir und in anderen. So schenke deine Liebe allen Wesen und verwandle das Antlitz der Erde durch dein Licht, das hell strahlt und ein jedes Wesen, das Sehnsucht danach trägt, zu erleuchten vermag; den freien Willen nicht außer Kraft gesetzt. Also bist du hilfreich für jene, die es wünschen, und die anderen gehen ihres Weges. Du kannst nichts falsch machen damit. Niemals wird die Liebe schaden. Liebe ist das universelle und einzige Heilmittel: für dich selbst, für den Planeten, für den Kosmos. Und wenn du ein universell Liebender bist, erfährst du eine Glückseligkeit und Freude, die keiner Worte mehr bedarf.

So bist du geborgen in uns, mit uns und um uns herum, denn wir existieren auf dieser Frequenz, in der du jetzt allmählich bewusst schwingen kannst. Das ist das Neue, das euch erwartet, wenn ihr es wählt. Es ist die Wiedervereinigung mit dem Kosmos, die Wiedervereinigung mit Milliarden von Lichtwesen, die Wiedervereinigung mit dem Wissen, der Weisheit und der Liebe des Seins. Wir auf unseren Ebenen sehen euch mit Freude, liebe Menschen, und wir sehen dich als Individuum wie eine Facette des funkelnden Kristalls, der sich Menschheit nennt. Das Universum ist holografisch und du bist ein Hologramm. So trägst du in dir den Schlüssel zu allen Dimensionen, Ebenen und Welten der Schöpfung. Deine Weisheit wird sich entfalten und Wunder über Wunder hervorbringen, wenn du es erlaubst, und das geschieht durch die Liebe.

Erinnere dich deiner kosmischen Wurzeln. Erinnere dich der Schönheit und Herrlichkeit des Seins. Es ist in dir. Du entfaltest es, bringst es zur Entfaltung durch deine Entscheidung, und diese Tür ist nun geöffnet. Wir heißen euch willkommen in unseren liebenden Armen. Es grüßen und lieben euch die Einheiten der Elohim, die ein Teil eurer Höheren Selbste sind, den ihr nun wiedererkennen könnt. Wir lieben euch alle Zeit, denn ihr seid unsere geliebten Kinder, die ausgingen, um Erfahrungen zu sammeln. Und ist es nicht ein Abenteuer?! Es hat wundervolle Möglichkeiten gegeben, mich und dich zu lieben, zu erforschen und zu entdecken, nicht wahr? Liebe diese Möglichkeiten. Liebe sie alle, auch und gerade, wenn sie dir nicht gefallen, denn die Liebe macht dich frei. Und entscheide dich, den Schatz zu heben, den die Liebe darin erschaffen hat.

Wir lieben dich.
OM SHANTI

*Die Elohim des rosafarbenen Strahls
am 26. 6. 2008*

Überschreibung der DNA

Wenn du bis in die kristalline Schicht der DNA vorgedrungen bist, ergeben sich weitere Situationen und Kontexte, die dir zeigen, an welchen Stellen noch ein Programm existiert, das bezüglich des Themas gesondert zu überschreiben ist. Dies ist dann der Fall, wenn du Eide und Schwüre geleistet hast, die durch alles, was du bisher getan hast, noch nicht aufgehoben worden sind. Du brauchst keine Angst zu haben, wenn du hier immer noch mit den unangenehmen Seiten deiner „Unzulänglichkeiten" konfrontiert bist. Es ist lediglich ein Programm in dir, das du selbst erschaffen hast und nun in Liebe, Verständnis und Offenheit für Neues korrigierst.

Nun ist der Zugang zur Kristallschicht tatsächlich für jeden von euch verschieden, gemäß der Sternenherkunft und Ausstattung, mit der du gekommen bist. Es gibt numerologische, optische, symmetrische und einige weitere Zugänge. Das heißt, du beginnst in deinem Herzen aus dem Mittelpunkt der Heiligen Flamme mit der Bitte an die kristalline Schicht der DNA, sich zu öffnen. Achte auf die Eindrücke, die du empfängst. Danach sprichst du deine Absicht wie auf ein Tonband. Dabei beginnst du mit deinem Namen: Ich, ..., überschreibe alle entsprechenden Abschnitte meiner DNA mit dem Programm ......(hier nimmst du die positive Formulierung dessen, was du dir wünschst, zum Beispiel glückliche und erfüllte Beziehungen zu Personen des anderen Geschlechts zu haben), OM.

Das Heilige OM ist der Code des numerologischen Zugangs auf der entsprechenden holografischen Sequenz. Deswegen wiederhole, was du gesagt hast, einschließlich deines Namens und des OM am Ende so oft, wie es sich für dich stimmig anfühlt. Vielleicht bekommst du es gesagt oder empfängst eine Art Stop-Signal. Es kann auch ein Lichtzeichen sein, das du erhältst. Du kannst damit nichts falsch machen, weil du ohnehin die positive Formulierung wählst, die automatisch an der entsprechenden Stelle verankert wird. Falls du sehr aufgeregt bist und eine andere Numerologie benutzt, wirst du bemerken, dass das alte Programm neben dem neuen noch aktiv ist. Dann kannst du den Vorgang wiederholen. Wenn du die richtige Kombination gewählt hast, ist das alte Programm durch das neue überschrieben und damit aufgelöst.

Das Ganze ist ein Prozess, innerhalb dessen du deine Zugänge zu Potenzialen zurückerhältst, die du später auch zur Heilung anderer nutzt. Deshalb gibt es hier kein Rezept, das für jeden gleich sein kann.

Vertraue deiner inneren Führung und achte auf alles, was in dem Zusammenhang geschieht, der dir immer noch Schwierigkeiten bereitet hat.

Möglich ist auch, bei sehr hartnäckig wiederkehrenden Verhaltensmustern, dass die Wurzeln in mehreren Abschnitten hinterlegt sind, und deswegen einige Male auf verschiedene Weise die Überschreibung vorzunehmen nötig ist, damit du sie tatsächlich nicht mehr wiederholst. Achte genau auf dich in den folgenden Tagen, denn der ganze Prozess nimmt, entsprechend der Ebenen, die du beschrieben hattest, als das Muster durch Absicht auf deiner Lichtmatrix verankert wurde, mehrere Tage in Anspruch, an denen du jeweils Zugang zu entsprechenden Teilen erhältst. Dies ist ein heiliger Vorgang, den du achtsam und liebevoll durchführen musst. Deswegen hülle dich dabei in das rosafarbene Licht der bedingungslosen Liebe.

Wir sind sehr glücklich, wenn euch das gelingt, denn die Meisterung eurer DNA ist der Beginn eines Neuen Zeitalters, der Beginn für Liebe und Frieden für alle Geschöpfe auf Erden.

Wir lieben euch.

Erzengel Raphael
am 29. 6. 2008

Die Dimensionen – Verschiebung der Dichte

Om, ich grüße euch. Hier spricht Murael aus der siebten Dimension. Eurer Zeitrechnung zufolge sind Äonen vergangen, seit wir zusammen waren, aber für mich ist es nur ein Wimpernschlag. Woher kommt die scheinbar unendliche Entfernung, die dich von den Engelreichen trennt?

Drei Komponenten möchte ich nennen und erläutern: Dichte, Schwere und Erinnerung.

Dichte bedeutet die materielle Dimension. Sie wurde von euch erschaffen, um einen Erfahrungsraum und Erfahrungsrahmen zu bieten, den ihr ausprobieren wolltet. Es ist ein Projekt aus der Unendlichkeit, dass Gott selbst, das Alles-Was-Ist, in mannigfaltiger Form und Schwere Gestalt annimmt.

Jede Dichte hat dabei ihre eigenen Gesetzmäßigkeiten, Möglichkeiten und ein Potenzial für Erleuchtung, das heißt, den Weg aus der Erfahrung der Begrenztheit heraus zu erkennen. Da sich die Dimensionen durchdringen, erlangst du in jedem Erfahrungsraum am Ende das Wissen, wie der Schleier zu lüften ist, mit dem du dich selbst zur Erlangung dieser Erfahrung abgetrennt hattest. Soweit, so gut.

Schwere ist in der Materie und darunter vorhanden. Während sich die höheren Dimensionen auszeichnen durch Leichtigkeit und Freude, sind die niedrigeren geprägt durch

Struktur, Verdichtung, Ansammlung, und damit wird ein bestimmtes „Gewicht" erzeugt, das im Grunde eine Art Magnetismus ist und dazu neigt, weiteres Gewicht zu produzieren. Dies ist Schöpfung in der materiellen Ebene.

Im Vergleich mit euren Gedanken und Ideen ist deren Umsetzung als z.B. ein Haus, das zunächst gewünscht, sich vorgestellt und geplant wird, in der Vollendung als fertiges, bewohnbares Haus auf der Ebene der Materie sowohl zeitlich verzögert als auch durch mannigfaltige Arbeitsprozesse, die die Möglichkeiten auf der Erde bieten, bedingt.

In höheren Dimensionen ist dieses Haus in dem Moment, wo du es denkst, existent. Es ist mit jedem weiteren Gedanken, den du darüber hast, veränderbar, weil die Dichte und Schwere dort diese Beweglichkeit haben.

In den euch vertrauten Erfahrungswelten ist Erinnerung eine Auswirkung von Magnetismus, die weitere Teilchen anzieht und die sogenannte Wirklichkeit aufbaut. Das ist zum Einen die Reproduktion eines bereits vorhandenen Musters und zum Anderen ein Verdichten von Dichte selbst.

Diese Erklärungen helfen dir zu verstehen, was in deinem Körper passiert, wenn höherdimensionale Energien auftreffen – etwas, das zurzeit und für die nächsten Jahre noch überall geschieht.

Denn die Tendenz ist jetzt, alle Felder der Erde, die ein herrliches Wesen ist, zu reinigen und euch als Menschheit ein Dasein in Frieden und Harmonie zu ermöglichen. Die Entscheidung dazu wurde von euch selbst getroffen, und was ihr gerade erlebt, ist die schrittweise Umsetzung des höheren Planes.

Erinnerung, Liebe, formt das Gedächtnis der Erde, die euch selbst als Wesenheit mit ihren feinstofflichen Körpern umschließt. So seid ihr Teile voneinander, die sich gegenseitig in ihren Feldern durchdringen. Ihr seid nicht getrennt von der Mutter, ihr seid ein Teil von ihr oder anders gesagt: Sie repräsentiert einen anderen Teil eures Wesens. Das nur nebenbei, dazu folgen weitere Informationen.

Was sind nun eure Körper anderes als verdichtete Erinnerung in der Umsetzung der Programme, die zu leben und zu erfahren ihr euch entschieden habt?! Kannst du dir jetzt vorstellen, was du mit der Entscheidung in Gang setzt, eines, aber auch nur eines dieser festgelegten Muster zu verändern oder gar aufzulösen?

Wundere dich nicht über die Verschiebung von Energien, die du spüren kannst. Ebenfalls geschehen auf der Ebene des Stoffwechsels heftige und teilweise unkontrollierbare Reaktionen, die sich jedoch dem Gesetz des Ausgleichs zufolge auf einem neuen Niveau des Gleichgewichts stabilisieren. Deshalb ist es so wichtig, viel klares, gesegnetes Wasser zu trinken und deinen Körper in der Phase des Loslassens und Umstrukturierens auf jegliche Weise zu unterstützen. Dein Körper ist hier in der Stofflichkeit dein heiliges und geheiligtes Werkzeug. Achte dich über alle Maßen, wenn du in diesen Prozessen bist. Nimm dir Zeit für dich selbst, sie bei vollem Bewusstsein zu erleben, und beobachte dich genau. Die Hinweise, die du dadurch erhältst, sind die Grundlage, auf der du dein späteres Wirken aufbaust. Du hast Gelegenheit und Möglichkeit, die Gesetzmäßigkeiten, um die es geht, im Umgang mit dir selbst nun auf herrlichste und innigste Weise zu erkennen und zu erleben. Es ist ein Geschenk, das du dir selbst machst, um in Liebe dem Ganzen zu dienen. So ist es kein Egoismus, die Bedürfnisse deines Körpers und deine momentane Befindlichkeit zu beachten, sondern ein sehr geehrter Dienst an der Gemeinschaft aller Lebewesen. Bitte erlaube dir das. Und gehe ganz in die Wahrheit des Augenblicks, denn dort ist die ganze Wahrheit und Weisheit, die du brauchst. Es genügt nicht, sich aus den kollektiven Feldern zu lösen, was du schon getan hast, sondern hier und jetzt geht es um die Hingabe an dich selbst, um daraus auf intensive Weise zu lernen. Denn das Ganze ist miteinander verbunden in den heiligen Gesetzmäßigkeiten: wie oben, so unten; wie innen, so außen; wie ich, so du, und wenn du diese Weisheit und Erkenntnis in Vollständigkeit erfassen und zulassen kannst, bist du an dem Punkt angekommen, wo die wirkliche Heilung beginnt.

Wir grüßen dich, wir lieben dich, wir danken dir aus der Freude.

Du bist geliebt und geehrt über und über. So war es, so ist es und so wird es sein.

Erzengel Jophiel-Bewusstsein
am 14. 7. 2008

Körperbewusstsein II

In der Folge wird es so sein, dass sich alle Muster, die du bearbeitet hast und durch deine Erklärung zu bearbeiten eingewilligt hast, sich dir nun in aller Deutlichkeit zeigen, die du nie zuvor hattest, um gänzlich aufgelöst werden zu können. Denn, Liebe, alle Muster sind in mehreren Schichten und Kombinationen repräsentiert, was bitte nicht mit Karma gleichzusetzen ist. Hier geht es im Letzten darum, wie eure Wirklichkeit aufgebaut ist und funktioniert.

Nutze dazu alle Techniken, die wir vorgestellt haben, nach deiner eigenen Intuition. Denn niemand anderes kann dir dabei so präzise helfen wie du selbst. Das Verborgenheits-Gen ist mit deiner Bereitschaft, an deiner DNA zu arbeiten, entfernt worden, und das bedeutet, dass du in großer Klarheit und Übereinstimmung mit deinen eigenen Strukturen zur Erkenntnis gelangst. Das einzige Werkzeug, das du jetzt noch benötigst, ist völlige Hingabe an deine innere Führung, die der Teil von dir selbst ist, der den Überblick hat. Und so gibt es zum Beispiel sinnvolle Kombinationen mit Klopftechniken für bestimmte Bereiche deiner Haut. Dies können, müssen aber nicht unbedingt dir bekannte Meridiane und Endpunkte von diesen sein. Du klopfst leicht mit den Fingerspitzen oder mit den Händen auf diese Oberfläche, um ein vorhandenes Muster zu lösen und aufzulösen. Auch hier entwickelt sich mit deiner Intuition ein rhythmisches Klopfen. Die Oberfläche deines Körpers ist die Grenze zur Außenwelt, auf eine dreidimensionale Weise gesehen. Dort sind viele der Muster auf eine bestimmte Art repräsentiert. Durch das rhythmische, intentionale „Beklopfen" können sie von dir hervorgeholt und umgedreht werden, wenn du dich dieser Technik bedienst.

Es gibt schon Bücher darüber, und etliche Menschen haben damit Erfahrungen gesammelt. Für dich ist es wichtig, dich von den existierenden Vorgaben zu lösen, um dich selbst kennenzulernen und deine eigene Wahrheit wiederzufinden.

Das betrifft ebenfalls die Affirmationen, die du einsetzt. Worte, die du während des Klopfens zu dir sprichst, sind von hoher Wirksamkeit. Die absolute Durchdringung ergibt sich dann, wenn du vor einem Spiegel stehst und dir dabei mit der Liebe deines inneren Selbst in die Augen schaust. Der Satz „Danke, lieber Körper, dass ich in dir und durch dich vollkommen glücklich bin" ist ein Tor, das den Zugang zu den Mustern öffnet, die dem noch Einschränkungen auferlegen.

Du musst keine Angst davor haben. Alles, was sich dir jetzt zeigt, kennst du seit langem schon. Du bist dabei, dein Fühlen und Denken zu verwandeln, um in die Freiheit und in die Freude zu gehen.

Du bist so geehrt für das, was du da tust.

Während du dabei bist, dein Leben zu verändern, lieben wir dich und halten deine Hand – die ganze Zeit. Du bist nie allein, nicht einen Augenblick. Rufe die Engel und die Aufgestiegenen Meister an, dir zu helfen, und dein Erfolg wird sich sicht- und spürbar manifestieren, denn wir sind in der Gemeinschaft mit dir und wir können dir helfen, soweit du es zulässt und erlaubst.

Dieser Körper, deine Biologie, die so viel Leid und Schmerz getragen, festgehalten und reproduziert hat, soll und darf nun erneuert werden von Grund auf, denn dies ist die Zeit des Friedens und der Gnade.

So erschaffen wir das *Neue Jerusalem*, das bedeutet Friede auf Erden in dir, durch dich und um dich herum.

Wir lieben dich allumfassend und wir ehren dein Sein. Du bist so geehrt auf diesem Planeten, Lichtarbeiter, dass du es dir in deinen kühnsten Träumen nicht vorstellen kannst.

Ihr seid unsere geliebten Kinder, die auszogen, das Fürchten zu lernen, wisst ihr das?

Und wenn sich nun in der neuen Energie die Schleier lichten und die Masken fallen, entdeckt ihr erst wieder euer wahres Selbst.

Freut euch darüber, dies ist Grund zum Feiern. Feiert jeden Moment, feiert ihn!!!

Es gibt Geschenke, wunderbare, herrliche Geschenke für euch im Übergang auf diese neue Ebene, und sie alle tragen die Energie von Zuhause, nach der ihr euch so gesehnt habt! Es ist das Fest der Freude und der Versöhnung. Liebt einander und achtet euch selbst.

Dein wunderbares, strahlendes Selbst ist das Zentrum des Seins in dir.

Von dort aus erschaffe den Frieden.

Om Shanti

Es grüßen dich die Aufgestiegenen Meister
der Weißen Bruderschaft am 15. 7. 2008

Transformation

Jeder erlebt, was er glaubt. Ihr multipliziert das, was der Einzelne glaubt, miteinander und kreiert auf diese Weise das, was ihr die allgemeine Wirklichkeit nennt: die Welt. Deine eigene Welt ist nicht dieselbe wie die deines Nachbarn, aber eure Welten beinhalten bestimmte Überschneidungen der Wahrnehmung von Wirklichkeit und ebenfalls der Reproduktion allgemeiner Muster. Darüber könnt ihr miteinander reden, denn dafür existieren Worte und Begrifflichkeiten.

Du wirst feststellen, dass sich deine persönliche „Welt" radikal ändert durch die Anwendung der hier vorgestellten Techniken und dass du deine Wirklichkeit allmählich nicht mehr transportieren kannst. Die Überschneidungen mit der Allgemeinheit werden geringer, und deine individuelle Ausrichtung zum Kosmos hin wächst und bringt deine Gesamtheit mehr in die Individualität, die du bis dahin gelebt hast, hinein. Das kann beglückend und erschreckend zugleich sein, und so wirst du es wahrscheinlich zurzeit auch erleben. Bestimmte Dimensionen, die sich öffnen, beginnst du zu erkunden und hast dafür keine Benennung mehr. Was du noch versprachlichen kannst, sind teilweise Bilder, die du siehst, und möglicherweise damit verbundene Gefühle, doch auch hier gerätst du schnell an die Grenzen deiner Ausdrucksmöglichkeiten.

So ist unser Thema heute das Unaussprechliche. Jenseits der existierenden Glaubenssysteme, in der Wahrheit hinter den Schleiern der allgemeinen und individuellen Konventionen, ist das ewige Sein, das sich in vollendeter Schönheit und Perfektion manifestiert.

Zunächst erhältst du den Zugang zu mannigfaltigen Erfahrungen und deren Ergebnissen in der Vergangenheit, wenn sich die Zeitlinien für dich öffnen und du das Karma aus ihnen bereinigst und in deine Jetzt-Zeit integrierst. Das ist eine Aufgabe, die normalerweise mehrere Leben in Anspruch nehmen würde und dich daher schon über die Maßen herausfordert, wenn du es aufgrund deiner Bereitwilligkeit in der Erfüllung des heiligen Vertrages, mit dem du gekommen bist, in Multi-D-Speed tust. Das wiederum ist die Voraussetzung dafür, dass eine neue Dimension zu integrieren in die Möglichkeit der Erfahrung tritt. Denn letzten Endes geht es darum, die Grenzen zu transzendieren, um in das Einheitsbewusstsein zurückzukehren, und das bedeutet, immer und immer wieder an deine Grenzen zu stoßen. Kaum hast du eine überschritten (was unter Umständen „ein hartes Stück Arbeit" war), erscheint schon die nächste vor dir.

Die meisten von euch werden jetzt genau wissen, was ich meine.

Denn, Lieber, Liebe, das Neue hier ist: Du brauchst keine Entfernung mehr zurückzulegen, um an die Stelle für den nächsten Schritt zu gelangen, der dich spirituell weiterbringen würde, ist dir das aufgefallen? Früher hat es eine ganze Weile gedauert, in der du eine sogenannte Grenzerfahrung einschließlich ihrer Transformation verarbeiten musstest, und das fällt jetzt weg. Du kannst *sofort* weitergehen und die nächste Einschränkung bearbeiten, die sich förmlich in dein Bewusstsein und in das Feld deiner Wahrnehmung drängt. Denn so ist die Neue Energie: Es gibt keine Vergangenheit und keine Zukunft, die unerreichbar bleibt, und dein Höheres Selbst nutzt *alle* Möglichkeiten, um dir bemerkbar zu machen, wo die Trennung sitzt, die du selbst vorgenommen hast und darum auch nur selbst wieder auflösen kannst.

Das hat manchen von euch schon fast zur Verzweiflung gebracht, nicht wahr?

Wer von euch wünscht sich eine Pause?

Hier ist ein Angebot: Erinnere dich deiner Einheit mit Spirit. Betrachte dich selbst und dein Leben aus der Perspektive der Einheit und beleuchte alle Situationen, die dir schwierig oder unlösbar erscheinen, von dort aus. Sieh dich selbst als das strahlende Wesen, das du wirklich bist.

Rufe die Führung von Eolia.

Nie versagende Hilfe kommt von dort. Mit Eolia zusammen löse die Grenze, an der du stehst (und die sich wie immer als unüberwindbares Hindernis vor dir auftürmt: eine Erfahrung, an der du unzählige Male in diesem und in vergangenen Leben gescheitert bist und die dir absolut unlösbar erscheint) einfach auf.

Eolia ist die stärkste transformierende Kraft im Christusbewusstsein. Wenn sie in deinem Leben zu wirken beginnt, fallen die Illusionen in sich zusammen wie Kartenhäuser.

Allerdings verändert sich deine Wirkung auf deine Umgebung dadurch ebenfalls, und du wirst etliche Überraschungen erleben, denn du wirst mit dieser Einweihung zum „Ableger" des Christusbewusstseins und erreichst damit die kosmische Ebene.

Das hat zur Folge, dass du noch mehrere deiner Erfahrungen mit den Menschen in deiner Umgebung nicht mehr teilen

wirst. Du findest vollkommen neue Bezüge und Bezugspunk-
te und dieser Prozess ist nicht mehr umkehrbar.

Wir grüßen dich, wir lieben dich.

Dies waren die Elohim des Violetten Strahls
am 21. 7. 2008

Eolia

Ihr Lieben, wir sind in einer tiefen Liebe mit euch, wie ihr sie nicht empfinden und wahrnehmen könnt, ehe ihr nicht das volle Christusbewusstsein erreicht habt. Wir, die Helfer und Meister von Eolia, versehen unseren Dienst seit Beginn der Zeitläufe, um Rettung und Erlösung den Verstrickten anzubieten. Viele Planeten haben die Entwicklungen genommen wie eure geliebte Mutter Erde, die ihr bewohnt, und gar manche sind nicht mehr aus der Dunkelheit aufgestiegen, sondern durch das Nicht-Einhalten kosmischer Gesetze, das die Dualitätserfahrung beinhaltet, zerstört worden.

Eure Erde ist in ihrer Entwicklung stets gefördert worden durch viele Meister und ihre Helfer, die immer und immer wieder inkarnierten, um ein bestimmtes Schwingungsmuster in ihren morphogenetischen Feldern zu erhalten, das es erlaubte, den Ausstieg aus der Illusion zu finden. Früher wurde das Wissen in Einweihungswegen durch die Bruderschaften weitergegeben, und so findet ihr heute, wenn die alten Schriften offenbart werden, manches von dem, was wir euch nun künden, auch dort. Denn die Wahrheit bleibt sich stets gleich, wenn auch ihre Beschreibungen aus verschiedenen Blickwinkeln vorgenommen werden und euch dadurch verständlicherweise unterschiedlich erscheinen mögen.

Viele, viele Helfer sind in dieser Zeit erweckt worden, um das Massenbewusstsein anzuheben auf ein Schwingungsniveau, das es uns erlaubt, nun direkter einzugreifen und mit euch zusammenzuwirken, um das Wohlergehen der Galaxis zu fördern und alle Schmerzkörperschichten aufzulösen. Denn auch die Galaxis ist ein lebendiges Wesen mit feinstofflichen Strukturen und Feldern.

So bist du in deinem persönlichen Leben der Repräsentant eines größeren Ganzen und verfügst über weitaus größere Macht, als du je ahntest.

Wir feiern diese neue Möglichkeit, der du dich geöffnet hast, und bieten dir an, dich jetzt vollständig zu befreien.

Nimm dir eine Zeit für dich selbst, in der du mit dir allein bist, in einer dir angenehmen, vertrauten und heimeligen Umgebung. Du solltest dich geborgen und wohl fühlen, ehe du folgende Technik anwendest. Alles, was bisher gegeben wurde, ist die Voraussetzung dafür. Wenn du noch nicht soweit bist, deine Emotionen auf förderliche Weise zu kanalisieren, bleibe lieber noch eine Weile bei den vorher gegebenen Techniken, die dich befähigen, dieses zu erlernen. Arbeite mit den Elohim und den Aufgestiegenen Meistern daran, deinen Emotionalkörper so weit zu klären, bis du die Erlaubnis für den hier folgenden Schritt erhältst. Denn du kannst dies nicht durchführen, solange Wut und Angst noch deine Selbstzerstörungsmechanismen, die tatsächlich jeder von euch verinnerlicht hat (du bist also kein Einzelfall und brauchst dich auch nicht schuldig zu fühlen), aktivieren.

Wir nennen dies die „Inventurliste der Illusionen".

Dieses Verfahren wird eingeleitet durch deine Absicht, ein Thema zu bearbeiten. Es wird etwas sein, wo dich der Schuh drückt, möglicherweise so sehr, dass du, bildlich gesprochen, kaum noch laufen kannst.

Setz dich hin und mach es dir so bequem wie möglich. Nimm ein schönes, weißes Papier mit entsprechender Unterlage, auf der du gut schreiben kannst. Wähle eine Farbe mit deiner Intuition. Unter Umständen ist das sehr wichtig, denn dein Stift ist das Medium und die Farbe transportiert hier die Botschaft. Bitte die Elohim des Violetten Strahls und Mutter Maria, dir zu helfen.

Jetzt fertige eine Liste an. Nenne sie: Liste der Illusionen. Schreibe alles auf, was dir zu dem Thema in den Sinn kommt. Wir geben ein Beispiel. Dein Thema sind Schuldgefühle, wenn du etwas Gutes für dich selbst tun willst.

Liste der Illusionen

1. Ich muss mich zuerst um die anderen kümmern.
2. Die anderen sind wichtiger als ich.
3. Ich habe keine Berechtigung, für mich selbst da zu sein.
4. Es kostet Geld.
5. An oberster Stelle steht die Familie.
6. Ich fühle mich schuldig, dass ich überhaupt daran denke, etwas Eigenes zu wollen.
usw.

Lass dir Zeit damit. Die Liste kann und darf immer länger werden. Du wirst feststellen, dass Inhalte mit traumatischem Hintergrund manche Sätze haben entstehen lassen. Bleib neutral. Es ist eine Inventur aller Gedanken – über dich selbst und andere –, die du zu diesem Thema in dir trägst. Sie kommen natürlich durch das, was du selbst erlebt hast, denn so funktioniert es nun mal.

Du kannst zwischendurch auch Pausen machen, in denen du etwas anderes tust. Wichtig ist, dass du alle Gedanken zum Thema auf diese Weise fixierst.

Am Ende des Tages nimmst du die Blätter (vermutlich hast du mehr als eine Seite beschrieben) und formulierst deine Bitte:

„So habe ich bis heute von mir und über mich selbst gedacht und meine Wirklichkeit erschaffen. Ich beantrage die vollständige Befreiung von diesen Strukturen und ihren Auswirkungen in meinem Körper, meiner Umgebung und in meinem Leben."

Formuliere noch, was du stattdessen in deine Systeme hineinnimmst, z.B. Klarheit, Offenheit, bedingungslose Liebe, Vertrauen. Das kann sehr persönlich und speziell sein, aber auch weitreichend – ganz, wie es für dich in diesem Moment stimmig ist.

Datiere und unterschreibe dieses Dokument, das dein Antrag für das Universum ist. Das heilige OM ist der Code, über den du den Zugang zum universellen Gedächtnis erhältst, deshalb solltest du es hinzufügen.

Rufe die Führung von Eolia und bitte um die Durchführung deiner getroffenen Entscheidung. Dabei zerreiße deine Papiere in schöne, kleine Schnipsel und schmeiße sie in den Müll. Wir werden des Nachts mit dir arbeiten und dich dahingehend umstrukturieren, dass sich deine Wünsche und Träume über dich selbst verwirklichen.

Denn du bist verantwortlich für dich selbst. Du hast den freien Willen, und du entscheidest, wie du leben willst – in jedem Moment. Die Gedanken, die du befreit hast, werden von dem Moment an nicht mehr reproduziert von deinem System. Achte darauf, welche Ergebnisse du erhältst. Schichten über Schichten von Strukturen bilden eure Wirklichkeit.

Deine Gedanken über dich selbst entstanden in dem Moment, als du das Gehirn „einschaltetest".

Diese Liste ist der erste Schritt. Wenn du am nächsten Morgen aufwachst, werden dir weitere Verbindungen bewusst. Schreibe auch diesmal alles auf, was dir einfällt. Wenn du sehr gut integriert bist, gelangst du in die frühkindlichen Muster. Deine Sätze sehen dann in etwa so aus:

Liste der Illusionen

1. Meine Mutter wird böse auf mich sein.
2. Niemand hat mir erlaubt, mich zu verändern.
3. Ich darf mich nicht befreien.
4. …weil ich schuld bin.
5. Meine Eltern haben mich nicht mehr lieb, wenn ich das mache, was ich will.
6. Ich kann es nicht allein.

usw.

Das ist nur ein Beispiel. Wichtig ist, dich vollständig an das, was in dir ist, hinzugeben und nicht emotional darauf zu reagieren. Du gehst in das System der Muster hinein und liest sie ab, sozusagen. Dazu brauchst du nichts zu tun. Das geschieht durch deine Absicht und deine Bereitschaft, die Illusionen zu erkennen. Denn die Wahrheit ist Liebe.

Und so sind wir in der Liebe mit euch verbunden und anerkennen deine Bereitschaft, deinen Mut und deine Hingabe, Lieber, Liebe, vollständig.

Du brauchst dich nicht zu schämen. Wir sind bei dir und halten deine Hand, die ganze Zeit. Niemand aus der Liebe denkt je etwas anderes über dich als Liebe. Denn Liebe ist der Anfang. Liebe ist Schöpfung. Du bist Liebe. Urteile existieren nur in der Illusion. Irrtümer und Missverständnisse erst ermöglichen das Erleben der Stofflichkeit und der Dualität, wie du sie kennengelernt hast.

Du bist gekommen aus Liebe, und du warst immer Liebe, von Anfang an. Niemals wird es anders sein.

Erkenne dich selbst.

Wir lieben dich.

Die Elohim des Violetten Strahls
am 24. 7. 2008

Die Matrix

Wenn du die kritische Masse deiner Gedankenformen erreicht hast, gerätst du auf die Ebene der Konzepte. Dies sind die Anteile am Massenbewusstsein, die du hast und die auch teilweise aus früheren Erfahrungen und Lebensausdrücken in der kristallinen Matrix fixiert wurden. Zu den Konzepten gehören alle Ideen, Doktrinen, Dogmen, und auch von dir geleistete Eide und Schwüre sind hier abgelegt.

Deine Liste könnte jetzt so aussehen:

Liste der Illusionen – Konzepte

1. alle Dogmen und Vorschriften, Gesetze und Gebote
2. alle Glaubenssätze und Glaubensbekenntnisse
3. alle Ideen von Macht und Freiheit
usw.

Bitte beachte: Du kannst Schritt 2 (Konzepte) nicht vor Schritt 1 tun.

Vielleicht hast du das selbst schon festgestellt. Viele von euch haben in den vergangenen Jahren eifrig an sich gearbeitet. Die Allermeisten sind unzählige Male als Priester, Ordensleute, Mitglieder einer geheimen Bruderschaft, Schamanen,

Heiler, weise Frauen und Klosterfrauen wieder und wieder auf der Erde gewesen, um das Wissen zu halten und die Erfahrung von Heilung und Liebe unter den Menschen zu ermöglichen. Das bedeutet, ihr habt unzählige dieser Gelübde abgelegt und erneuert, und ihr wisst, dass die Geschichte der Erde noch mehr Kapitel umfasst, als euch jetzt bekannt sind. Auch deine eigene Geschichte, hinterlegt in der kristallinen Matrix, umfasst noch unzählige, für dich im Verborgenen liegende Kapitel.

So hast du sicherlich schon einiges dafür getan, Armut, Keuschheit, Gehorsamkeit und manches andere, das dich im Alltag immer wieder auf dich selbst und deine Einschränkungen zurückwirft, zu bearbeiten. Wenn du den gleichen Themen dann trotzdem wieder begegnest, fragst du dich nach der Wirksamkeit der vorgestellten Methoden und bezweifelst die Kompetenz dessen, der daran beteiligt war, sie durchzuführen – ist es nicht so?

Du kennst das Phänomen: eine gewisse Erleichterung für eine bestimmte Zeit und dann schleichender Rückgang zum wohlbekannten, vertrauten und inzwischen verzweifelt abgelehnten Zustand. Ein scheinbar unlösbarer Knoten, der sich jetzt löst. Du brauchst erst den Zugang zu dieser Ebene, der durch deine Hingabe an dich selbst geöffnet wird. Dann kannst du das Thema an der Wurzel packen und sie tatsächlich entfernen. Du triffst also bitte Formulierungen mit „alle, jede, jegliche", um den Erfolg zu erreichen. Hier sind auch die Menschheitsängste repräsentiert, und vielleicht wiederholen sich deine vorigen Themen zum Teil, weil sie damit korrespondierten.

Hab keine Angst, dass du hier etwas falsch machen könntest, das kannst du nicht. Du wirst und bist in diesem Prozess liebevoll betreut.

Folge deiner Intuition und erlaube dir, in einen neuen Bewusstseinszustand hineinzuwachsen.

Du bist über alles geliebt, immer und immer und immer.

Das waren die Elohim des Violetten Strahls
am 29. 7. 2008

Todesangst

Was du gesondert in diesem Prozess bearbeiten musst, ist deine Todesangst. Wenn du alles tust, was wir vorher erläutert haben, gelangst du unweigerlich an den Punkt, die Schwelle nach Hause zu überschreiten.

Für uns auf der anderen Seite des Schleiers bedeutet das ein großes Fest. Aber wir dürfen dir, wenngleich wir dich die ganze Zeit liebevoll begleiten, dabei nicht helfen.

Der Geist wirkt in der Materie durch den biologischen Körper, der sein heiliges Werkzeug ist. Dieser Körper wird in Gang gehalten und gesteuert über den Hormonhaushalt. An einem bestimmten Punkt deiner Reise werden wir eine neue Drüse aktivieren, die diesen Haushalt völlig umstellt. Sie befindet sich zwischen Kehl- und Herzchakra, auf der Höhe etwas unterhalb der kleinen Kuhle zwischen den Schlüsselbeinen. Das ist der Beginn der Wunder in deinem Leben.

Dein biologischer Körper reagiert darauf, indem er die Todesangst freisetzt. Denn die Biologie versteht die Integration des Lichtkörpers als das Ende ihrer Existenz, und das aktiviert alle je damit verbundenen, abgespeicherten Inhalte: emotional und mental. Du wirst merkwürdige Gedanken denken und alles wird sich innerhalb eines Momentes völlig anders anfühlen. Das ist der Beginn. Unterschätze diese Erfahrung nicht.

Körperliche Symptome jedweder Art können auftreten. Was du in dieser Stimmung fühlst und tust, kann dich völlig beherrschen. Du wirst niemandem Schaden zufügen, denn das ist nicht erlaubt, und so wird es sich nicht äußern. Dennoch ist die Erfahrung an sich eine Möglichkeit, andere zu ängstigen, deshalb empfehlen wir dir, dich damit zurückzuziehen.

Du bestehst diese Erfahrung, indem du dich ihr hingibst.

Es kann unterschiedlich lange dauern, was damit zusammenhängt, ob du deinen Widerstand aufgibst und diese Hingabe in Vollkommenheit zu erfahren bereit bist.

Jesus war ein Eingeweihter, und er rief am Kreuz die Worte: „Gott, mein Gott, warum hast du mich verlassen!", als ihm dieses widerfuhr. So sorge dich nicht, wenn völlige Panik aus deinen Zellen aufsteigt und ausgeschwemmt wird. Dies ist der Lösungsprozess für die Todeshormone, die dein Körper nie wieder produzieren wird.

Rufe die Führung von Eolia und bitte sie, alle assoziierten Erfahrungen, Gedanken und Gefühle von dir zu nehmen. Erkläre deine völlige Übergabe und Hingabe und Bereitschaft, deinen Körper zu erneuern. Deine Biologie wird daraufhin umgestellt, und du wirst eine tiefe Erleichterung verspüren.

Dann bist du durch.

Begrüße dich in dieser neuen Verfassung und sei völlig behutsam mit dir. Du wirst drei Tage brauchen, um dich zu stabilisieren. Wir sind in dieser Zeit deine Ansprechpartner für alle Fragen, die du hast. Du kannst und wirst sehr viel lernen.

Wir freuen uns über dich, wir lieben dich und wir verlassen dich nicht.

Das war Ezechiel als Sprecher für die Bruderschaft der Freude am 30. 7. 2008

Botschaft der An-Nuhim

Wir machen alle dieselbe Reise. Ausgegangen von einem winzigen Punkt der Schöpfung, wurden wir zu diesem Universum, dem Ich-Bin. Alle Erfahrungen dienen nur der Erschaffung von Liebe, die wiederum neue Schöpfungen kreiert. Es ist ein ewiger Kreislauf, ein Tanz in der Unendlichkeit. Wenn du geboren wirst als ein Mensch, dienen alle deine Erfahrungen von diesem Zeitpunkt an dem einen Ziel: die Trennung zu überwinden, indem du alle Erfahrungen, die als ein Mensch gemacht werden können, lieben lernst. Deshalb wählst du es, wieder und wieder zu kommen und diese Reise fortzusetzen, bis dein Verständnis für dich selbst die Lotosblüte im Kronenchakra zu öffnen imstande ist und du die kosmischen Bezüge erhältst. Dann ist die Erderfahrung als solche abgeschlossen und du dienst deinen jüngeren Brüdern und Schwestern als Helfer, den gleichen Weg zu vollenden, wie du es dir erschaffen hast.

Mit den neuen Relationen von Einsicht, Weisheit und Weitblick vermagst du, ein guter Diener und Begleiter zu sein, denn du lehrst durch dein Beispiel den Weg, den du aus der Unwirklichkeit der Illusion in die Wahrheit des Seins gefunden hast. So hast du allen Wegen einen weiteren Weg hinzugefügt und bist dafür geliebt, geehrt und besungen von all jenen Existenzen, die Teil deines Weges geworden sind, denn die Verbundenheit in Liebe ist ewig und hört niemals auf. Von deiner persönlichen Version und Variation, die unendliche Liebe in Bewusstsein zu sein, profitieren alle Welten – und das befindet sich jenseits aller menschlichen Vorstellungskraft, gehört aber zu deinen neuen Bezügen. So kannst du in der Vereinigung mit dem Alles-Was-Ist Wunder über Wunder erschaffen und deine neue Welt der Liebe und Harmonie, denn nur so wird es für dich funktionieren, diese Kräfte zu erkennen und zu nutzen. Du bist hiermit aufgefordert, dein eigenes Potenzial als Schöpfer voll anzunehmen. Wir sind unendlich. Wir sind ewig. Wir sind viele und wir sind eins. So gibt es Brüder und Schwestern in der Ewigkeit, mit denen du in Liebe verbunden bist und die darauf warten, jetzt in Kontakt mit dir zu treten, um dich zu führen und zu leiten, das Antlitz des Friedens auf der Erde zu sein.

Das Alltagsbewusstsein der Menschen auf der Erde ist voller Angst. Du wirst merken, dass du dich dort nicht mehr gerne aufhältst. Du suchst den Frieden, um ihn zu mehren, und die Angst wirkt auf dich erstickend und lähmend. Du fühlst die Abwehr, die Widerstände und Widersprüche jetzt, wo du nicht mehr darin verhaftet bist, intensiver als je zuvor. So öffne deine Krone und erlaube den kosmischen Energien, durch die kristallinen Schichten deines Selbst zu fließen. Aktiviere die Werkzeuge des Heiligen Geistes in dir, denn dafür bist du gekommen. Die Vision deines Lebens und deine heilige Absicht werden sich dir offenbaren, wenn du bereit dafür bist.

Alle Meister stehen an deiner Seite, dich darin zu unterstützen. Du bist nicht mehr abhängig von dem System, in dem du aufgewachsen bist – und es ist wichtig jetzt, in der Übergangszeit, sich das immer wieder bewusst zu machen. Denn es ist deine Entscheidung, welche Resonanz du eingehst und reproduzierst. So erlaube uns, dir zu erklären, dass der Prozess, von dem wir sagten, dass er irreversibel sei, deine kristallinen Strukturen derart verändert, dass du zum „Salz der Erde" geworden bist, so wie der Kosmos das Meer repräsentiert in diesem Vergleich. Und wie das Salz alles Leben nährt, bist du nährend in der Schwingung und anregend für die Reinigung und Transformation derer, die mit dir auf dem Weg sind, wenn du nicht mehr darauf bestehst, dasselbe Leben wie vorher zu führen. Du kannst nicht fortsetzen, wie du gelebt hast, weil es die Illusion war, die die Trennung erschaffen hatte. Jeder, der dich ansieht, bemerkt diesen Unterschied – bewusst oder unbewusst. Sende du allen nur Liebe. Deine Liebe und dein Verständnis für dich selbst helfen dir zu sehen, wer sie sind. Mit den Werkzeugen des Heiligen Geistes wirst du allem Leben dienen und die Wahrheit wird sich in deiner Gegenwart offenbaren. Und die Wahrheit ist das größte Geschenk, dass du aus der Liebe und in der Liebe geben kannst.

So hab keine Angst vor den Veränderungen, denn sie sind das Geschenk, an das du dich nur erst gewöhnen musst. Viele Wesen sind um dich und freuen sich mit dir, aber keiner von ihnen darf dich in deiner Entscheidung beeinflussen.

Du wirst Gefühle und Zustände deiner Geschwister in dir erfahren und transformieren, wenn du deine kosmischen Bezüge aktivierst und nutzt. Dadurch bist du ein Wegbereiter der neuen Zeit des Friedens auf der Erde. OM SHANTI.

Es grüßen und lieben dich die An-Nuhim
am 4. 8. 2008

Die oberen Lichtkörperschichten

Om Shanti.

Sei gegrüßt, lieber Mensch, auf deinem Weg durch die Zeit. Du hast nun begonnen, deine kosmischen Bezüge zu aktivieren, was eine absolute Notwendigkeit ist, um deinen Dienst, für den du gekommen bist, auszuführen.

Hast du bemerkt, dass neuerdings verstärkt Emotionen in deinem Energiefeld auftauchen? Das hängt mit der Schichtung zusammen. Der spirituelle Körper wirkt über den Mentalkörper und durch den Emotionalkörper auf den sichtbar begrenzten und umgrenzten biologischen Körper, mit dem du dich im Laufe deines Lebens für eine ganze Weile identifiziert hattest. Die Körperstrukturen sind ineinander, sie durchdringen einander und bedingen einander. Die Felder und Netzwerke jedoch umgeben auch das, was du als deinen bekannten Körper siehst, und sind in ihrer Ausdehnung verbunden mit allen anderen Feldern und Netzwerken auf der Erde. Das ist Stufe I.

Um es für dich transparenter zu machen: Der Sitz der Emotionen ist der Ätherkörper. Dort werden sie sozusagen in Form gebracht. Die Gefühle, die du hast, wenn du etwas erlebst, ziehen bestimmte Arten von Ätherschichten in deine nähere Umgebung. Die Äther sind einerseits nach Elementen unterscheidbar, und andererseits manifestieren sie sich als

Farb- bzw. Klangschwingung. Farbe und Klang sind in Wirklichkeit eins, aber in eurer menschlichen Wahrnehmung zumeist nur entweder als Klang oder als Farbe zu entschlüsseln. Dies wird sich in Zukunft ändern. Durch die neuen Werkzeuge, die du erhältst, werden sich deine Kanäle der Wahrnehmung mehr und mehr in ein Instrument der Liebe verwandeln; und so wie du zurückfindest in die Einheit, verschmelzen die Eindrücke zu einem klingenden Bild, einem visuell erkennbaren Klangteppich mit mannigfaltigen Bezügen auf unterschiedlichen Wirklichkeitsebenen, die du dann gesondert wahrnehmen kannst, wenn du dich darauf einstellst. Liebe ist und war immer der Schlüssel dazu.

Farben und Klänge wiederum ordnen sich numerologisch nach bzw. in Rhythmen. Das ist die Verbindung zur mentalen Ebene der Netzwerke, so wie sich Mental- und Emotionalkörper in deinem System verknüpfen.

Du hast bei der Auflösung der Strukturen entdeckt, wie sich die Inhalte der Erlebnisse in ihren emotionalen und mentalen Anteilen vermischten und als Muster im Kausalkörper abgelegt worden sind. Die Kristallschicht, die den spirituellen Körper repräsentiert, wird also nun durch die kosmischen Bezüge mit neuen Impulsen versehen und es fließt mehr Energie von dort aus in dein System als zuvor in den Strukturen der restlichen Körper gewesen ist.

Um deinen physischen Körper, wo sie sowohl im Gehirn als auch im Zellbewusstsein entschlüsselt (dekodiert) werden, zu erreichen, passieren die Energien auch die anderen feinstofflichen Körper. Der Kausalkörper ist eine Schicht, die den Schleier aufrechterhält, weil in ihm die ganzen Blockaden eingebaut sind, die du Leben für Leben angesammelt hast. So wirkt er wie ein Sieb, das nur so viel Licht bis in die materielle Ebene durchlässt, wie du im Moment auf der Erde mit deiner körperlichen Konstitution halten kannst.

Jetzt ist dieser Körper geöffnet worden, indem du mit Hingabe und Bereitwilligkeit deine persönliche Verfassung zu ändern bereit warst, um mehr Licht und Liebe in dir fließen zu lassen.

Genau das geschieht, wenn du unvermittelt emotional auf jedwede Weise reagierst.

Licht fließt durch den spirituellen Körper, dessen kosmische Bezüge die oberen Lichtkörperschichten bilden (Stufe II). Dabei trifft es auf das, was deinen physischen Körper gerade umgibt: alle ätherischen Gebilde, also Klänge, Farben und Formen, mit denen dein persönlicher emotionaler Zustand assoziiert ist. Das kann durch einen aktiven Impuls deinerseits ausgelöst worden sein, weil du gerade an etwas gedacht hast, das mit diesen Emotionen verknüpft ist.

Umgekehrt kommen diese Emanationen auch zu dir, wenn jemand anderes an dich denkt. Hier ist Weisheit und Wahrheit zu finden, Liebes.

Noch ein Drittes ist möglich: Du reagierst auf eine Wahrnehmung von etwas, das sich in deiner Umgebung befindet und dort in den ätherischen Feldern abgespeichert ist.

So bist du aktiv und passiv verwoben mit allem Leben. Das ist gleichberechtigt und gegenseitig.

Die kosmische Ordnung bedingt hier über Resonanz und Numerologie, welche Strukturen jeweils aufeinander reagieren. Deshalb ist der freie Wille dein mächtigstes Werkzeug. Er ist das scharfe Schwert, mit dem du deine Befreiung vorgenommen hast. Der freie Wille, der durch Äonen von Bedingungen und Knechtschaft als solcher nicht mehr erkannt werden konnte und es doch immer war.

Zurück zum Anfang: Du fühlst jetzt also mit mehr Lebendigkeit. Nutze die Gelegenheit, das Feld der Emotionen zu erforschen, zu reinigen und zu klären. Du kannst hier mit Farben arbeiten. Die Elohim des Violetten Strahls führen Angst, Kummer und Schmerz in die sofortige Transformation. Hier bist du gefragt, Lichtarbeiter. Vertraue deiner Intuition, deiner Kreativität. Es gilt, in die Auflösung zurückzubringen, was immer dich belastet und an Belastungen an dich herantritt.

Hab keine Angst vor den Gefühlen. Sie sind ein Geschenk.

Doch ihr habt Wesen auf diesen Ebenen erschaffen, die sehr unglücklich sind durch die Last, die sie getragen haben. Warum Wesen? Weil alle Formen, die genügend mentale und emotionale Aufladung erhalten haben, belebt sind und auf ihre Weise eine Art Eigenständigkeit entwickeln. Sie dienen dem Leben genau wie ihr. Und sie entwickeln sich auf einer höheren Ebene weiter, wenn sie diese Last von Kummer und Schmerz nicht mehr tragen müssen.

In immer höherem Maß wirst du Glückseligkeit empfinden können. Es geht nicht darum, dich auf irgendeine Weise von den Gedanken und Emotionen deiner Umgebung abzuschirmen. Lieber, Liebe, du bist ein Werkzeug der Transformation durch deine eigene Beteiligung an Allem-Was-Ist. Nichts kann dir die Freude nehmen, niemals. Wenn eine Trübung in das Feld des Bewusstseins tritt, das du bist, löse sie auf und du bist ein Segen für viele.

So einfach ist das.

Wir, die Meister von Eolia, stehen immer an deiner Seite, um dich zu führen und dir zu helfen. Du bist ein Teil von uns und wir sind ein Teil von dir. Die Erde ist ein Teil des Kosmos und der Kosmos ist in dir auf der Erde repräsentiert.

Om Shanti, wir lieben dich. Du bist geehrt für das, was du tust, über und über.

Und so ist es.

Die Aufgestiegenen Meister von Eolia
am 6. 8. 2008

Resonanz

An jeder Stelle des Prozesses, den wir hier begleiten, kann es dir passieren, dass du dich mit Verfassungen konfrontiert siehst, mit denen du nicht gerechnet hättest.

Das liegt daran, dass erst bestimmte Konstellationen die Resonanz zu dem thematischen Kontext ermöglichen, um den es gerade geht. Dann bist du plötzlich alles andere als erleuchtet, was du deiner Meinung nach aller vorangegangener Arbeit eigentlich sein müsstest.

Genau das ist der Punkt.

Lieber, Liebes, die Erleuchtung ist ein Prozess, kein einmaliger und anhaltender Zustand von Glückseligkeit. Zu diesem kann sie durchaus werden – und wird sie auch – denn wer einmal diesen Nektar gekostet hat, verlangt immer wieder danach – und so wird deine unsterbliche Seele alles daransetzen, jede sich bietende Gelegenheit auf deiner aktuellen Zeitachse heranzuziehen. Was dann passiert, ist, dass der ansteigende Lichtquotient auf den Achsen, wo der Widerstand sitzt, eine Beschleunigung herbeiführt, die den dort abgespeicherten Inhalt „hochholt". Und du versinkst in Gefühlen, von denen du nicht wusstest, dass sie in dir waren.

Wenn du anfängst, dich dafür zu verurteilen, bist du verloren. Denn solange du in Widerstand gegen dich selbst gehst, tobt in dir Energie gegen Energie.

Es gibt kein Ergebnis und keine Lösung.

Unser Vorschlag dazu ist:

Genieße das Chaos deiner Gefühle.

Ist es nicht erstaunlich, faszinierend und großartig, welches Ausmaß an Emotionalität und Emotionen jeglicher Couleur du als Mensch zu erleben und zu erfahren in der Lage bist? Das ist ein Privileg, dass du wirklich genießen solltest, selbst wenn es sich unangenehm anfühlt. Denn das ist ein weiterer Grund dafür, dass du als Mensch so einzigartig und besonders bist. Feiere es! Mach ein Fest daraus, dich selbst zu feiern und den Grad von Erfahrung zu ehren,

den du dir zu erreichen erlaubt hast. Denn es ist nichts Schlechtes daran und nichts Minderwertiges, ein Mensch zu sein! Du bist ein heiliger Bestandteil von allem Leben und die Gefühle sind es auch. Du bist heilig. Deine Gefühle sind heilig. Ehre sie. Ehre dich in der Anerkennung deiner Gefühle. Nimm sie an und verstehe den Hintergrund, aus dem sie gekommen sind.

Du bist Liebe. Du warst immer Liebe und wirst immer Liebe sein.

Dein Eintritt in das Vergessen ist durchaus schmerzlich, denn du erlebst die Ablehnung in mannigfaltiger Form. Das ist die Art und Weise, wie ein Meister seine Göttlichkeit vergisst. Und der Schmerz darüber und die Traurigkeit des Nicht-verstanden-werdens und der heftige Verlust, den du durch die Trennung erlitten hast, sitzt in deinem Zellbewusstsein zuunterst.

Liebe dich.

Du bist unendlich geliebt, immer. Es war immer so, und es wird immer so sein.

Jegliche Trennung und jeglicher Schmerz über die Trennung ist und war ein Akt der Liebe. Ein Akt der Liebe und der Hingabe an die Materie, an die materielle Erfahrung. Aus Liebe kamst du zur Erde.

Hier ist der Ort, wo die tiefste Entfernung von der Quelle gelebt und erfahren werden konnte.

Du hast diese Erfahrung gewählt – in vollem Bewusstsein dessen, was dich erwartete; doch mit deiner Geburt hast du dieses Bewusstsein zurücklassen müssen. Sonst wäre die Trennung nicht erfahrbar und nicht zu einem Bestandteil deiner persönlichen Erfahrung geworden.

Diesen Schmerz zu heilen hat Priorität.

Es geht darum, die Vollkommenheit anzuerkennen. Du bist vollkommen als Ganzes und auch als ein Teil des Ganzen. Es gibt keinen Moment, in dem du nicht vollkommen bist, denn die Erfahrung, die du gemacht hast und auch die, die du jetzt gerade machst, sind Teile eines vollkommenen Plans.

Du hast deine Macht abgegeben und verloren, als du aus Liebe denen glaubtest, die dir Einschränkungen auferlegten. Das hat zu deinem heutigen Selbstbild geführt, wertlos und unvollkommen zu sein. Es war dein Weg in die Materie und in das Erfahren aller Reichhaltigkeit, die die Erde an Entwicklungsmöglichkeiten für das Unvollkommene bietet. Deshalb bist du so geachtet und geehrt. Du hast freiwillig die Ganzheit vorübergehend verlassen, um die Erfahrung von Abgeschiedenheit und Eigenständigkeit unter den verschiedensten Bedingungen und Schwierigkeitsgraden zu machen. Du bist ein Pionier, ein Forscher, und du hast das Feld der materiellen Erfahrung erforscht und bestellt.

Nun ist es an der Zeit, die Früchte einzusammeln, und du kannst dich freuen über die reiche Ernte, die durch deine Arbeit, deine und Hingabe zustande kam.

Es ist dein Verdienst, Lichtarbeiter, jetzt die Ernte einzubringen. Du bringst die Früchte deiner Erfahrung zum Höheren Selbst zurück, kondensiert zu Weisheit, die das höhere Universum mit Klängen und Farben erfüllt, die so herrlich sind, dass kein Mensch sie beschreiben kann.

Wir lieben dich.

Du bist allezeit geehrt – hier steht dein Name – und wir lieben dich vollständig. Das ganze Universum liebt dich, ein Gebilde aus Klängen, Farben und Schwingungen, denn wir alle sind und waren von jeher Schöpfungen der Liebe.

Es gibt nur Liebe.

Einheit und Vollkommenheit sind die neuen und alten Aspekte, die du jederzeit integrieren kannst durch deine Entscheidung. Deine Öffnung und Hingabe an den Heiligen Geist erlauben dir, die Erfahrung der Ganzheit in Vollständigkeit deinem persönlichen Bewusstsein als „Ich bin" hinzuzufügen.

Ein Mensch, der die Einschränkung lebt, ist genauso vollkommen wie derjenige, der schon erleuchtet ist. Der Unterschied besteht lediglich im Bewusstsein und in der Beziehung zu sich selbst.

Es ist das Ausmaß der Freude, die du halten kannst, denn Freude und Glückseligkeit ist die wahre Natur des Seins und der Ausdruck deiner unsterblichen Lichtseele.

Lass die freiwerdenden Emotionen zu. Begrüße sie freudig. Umarme sie. Beschenke das Sein durch dein Zulassen, durch dein Verständnis mit deiner Wärme, Güte und Milde und der Sanftheit und Zärtlichkeit deines inneren und heiligen Seelenfunkens.

Die Elohim des Rosafarbenen Strahls
am 9. 8. 2008

Erdenkarma

Die Sexualität, in Verbindung mit dem Atem, ist ein Erleuchtungswerkzeug. Vielen von euch ist das aus ihren früheren Erfahrungen bekannt, aber meist nicht mehr bewusst.

Als die Erde tiefer in die Dunkelheit des Vergessens ging, wurde hier vom Karmischen Rat ein Siegel eingebaut, das auf den kristallinen Schichten des Schöpfungschakras liegt.

Dadurch entstand die Ablehnung gegen Körperlichkeit und Sinnesfreuden.

Aufgrund des Siegels haben sich die Erfahrungen der Sexualität auf das Ausleben von meist körperlichen Trieben beschränkt, die selbst durch die Seelenliebe kaum gemildert wurden. Eine Gier hat sich entwickelt und auf der anderen Seite die völlige Ablehnung und Verdammung, vor allem bei jenen, die spirituelles Wissen mitbrachten und weitergaben. Es ging darum, das allgemeine Erfahrungswissen um die wahre Natur des Menschen, das in früheren Zeiten noch vorhanden gewesen war, auszulöschen.

Warum ist das so? Weil der Mensch tatsächlich heilig ist, ein zur Schöpfung befähigtes Wesen, und die Trennung aus der Liebe durch Angst, Kummer und Schmerz erzeugt wird.

Heute ist das Höchstmaß der Erfahrung, die daraus gewonnen wurde, bekannt, und die Siegel, die die Meister in sich tragen, können in einem Prozess der Anerkennung, Vergebung und Heilung der daraus entstandenen Wunden entfernt werden.

Viele von euch Lichtarbeitern, nicht alle, sind davon betroffen.

Erinnere dich, dass alle Schöpfung durch Resonanz gelenkt wird. Wenn du in Kontexten inkarniertest, die von dir verlangt haben, auf irgendeine Weise Körperlichkeit, Sexualität und der Erfahrung von Sinnesfreuden zu entsagen – dir selbst und anderen, stehst du durch Resonanz in Kontakt mit all den Feldern des Schmerzes, Zornes, der Verleugnung, Ablehnung und der Schuldgefühle, die dadurch entstanden. Wie viele Male haben sich Mönche für die natürlichen Bedürfnisse ihrer Körperlichkeit geißeln müssen? Wie viele Situationen von Not und Bedrängnis haben Frauen seit frühester Kindheit erlitten?

Du hast keine Vorstellung von der Größe und Intensität der Kraftfelder, die dadurch entstanden sind! Und du bist ein Teil davon. So ist auch alles, was du in diesem Leben erkannt, erduldet und erlitten hast, ein Teil dieses Ausmaßes von Erfahrung, in die du hineingegangen bist, um der Menschheit nach bestem Wissen und Gewissen zu dienen.

Es gab Reibungen zwischen den Befürwortern und Ablehnern der Sexualität, und auch dies ist ein Teil der gemeinsamen Erfahrung. Und glaube mir, Liebe, du kennst beide Seiten. Was du heute benötigst, ist ein Verständnis für dich selbst in diesem Plan, um das daraus Entstandene anzunehmen.

Heilung und Integration erfolgen erst dadurch, dass du dich selbst aus dem Schuldbewusstsein befreist.

So vergib dir jetzt in aller Form die Beteiligung an allen Bindungen des zweiten Chakras, die Schmerz und Leiden jedweder Art produziert haben.

106

Tritt in deiner Vorstellung vor den Karmischen Rat und bitte um die Entfernung des Siegels.

Ein goldener Laser wird für einen kurzen Moment auf dich gerichtet, was du deutlich fühlen kannst. Du wirst bemerken, dass sich die Energie anders in deinem Körper zu verteilen beginnt.

Bitte sodann die Marienengel um die Auflösung des Schmerzkörpers in allen Schichten, die jetzt noch vorhanden sind.

Liebe und Wahrheit, Reinheit, Weisheit und Klarheit – ist das Mantra dazu.

Die Engel der Heilung kommen und umgeben dich, um alles in deinen Feldern in die Resonanz mit Göttlicher Ordnung zu bringen.

Zünde drei Kerzen an, stellvertretend für das Leid der Männer, das Leid der Kinder und das Leid der Frauen auf diesem Planeten und segne die Flammen mit den Worten:

Im Namen des Heiligen Geistes vergebe ich mir selbst und allen Beteiligten, was je auf diesem Planeten einem Menschen zugefügt wurde. OM TAT SAT.

Möge das Licht dieser Flammen alle Herzen heilen und erleuchten.

Frieden und Ehre allen Geschöpfen, allen Schöpfern und der Schöpfung.

Lege die Hände auf dein Herz. Sag Dank für das, was dir selbst und Allem-Was-Ist geschenkt worden ist.

Du bist überaus geachtet und geehrt. Das Leiden, das auf diesem Planeten im Namen der Liebe erschaffen wurde, ist unaussprechlich. Wir wissen darum. Wir kennen deinen

Schmerz und den tiefsten, verborgensten Kummer. Wir kennen die Erfahrung deiner Familie und aller Generationen, die je auf diesem Planeten gewohnt haben.

Wir sind in der vollständigen Anerkennung des Schmerzes mit dir vereint.

Scheue dich nicht zu weinen, wenn sich dieser tiefe Kummer zu lösen und aufzulösen beginnt.

Es ist die Heilung für dich und die Welt.

Anerkenne dein Sein in der Liebe, denn du bist Liebe.

Wir, die dich erschaffen haben, sind es auch. Dein Leben und die Entwicklung des Ganzen folgt einem Plan, an dem du in und mit deiner Entscheidung von jeher beteiligt warst und bist.

Ohnmacht ist eine Illusion, die nur die tiefste Trennung zu vollbringen möglich machte.

Denn du bist ein Teil von uns, und wir sind ein Teil von dir. Die Seele ist eins und erschafft sich Räume der Erfahrung nach ihrem Verlangen. So verlangtest du einst, die Materie zu erleben, dich in der vollständigen Dichte dich zu verlieren und wiederzugewinnen, wie Unzählige vor dir, nach dir und mit dir es tun.

So bist du, Liebe, Lieber, das Sein in Erfahrung und deine Erleuchtung ist das Werkzeug, der Motor der Schöpfung, hast du das gewusst?

Wir lieben dich unaussprechlich.

Füge das Unaussprechliche zusammen, und du bist heil und ganz für immer.

Das ganze Universum ist dein Partner in diesem Prozess.

OM SHANTI.

Das war die Bruderschaft der Freude
am 17. 8. 2008

Eine neue Ära beginnt

In dem Moment, wo du bereit bist, deine Vollkommenheit anzunehmen, werden dir die Reste bewusst; das sind die Stellen, an denen du beschlossen hast, dich lieber zu verbergen. Teilweise sind solche Voraussetzungen entstanden aus einer Angst, für andere arrogant zu wirken. Denn, Lieber, Liebe, als du gekommen bist, warst du vollkommen, und du hast gesehen, wie Menschen darauf reagieren: mit Angst, Wut, Zorn, Ablehnung und Streit. Du warst ein vollkommenes, erleuchtetes und friedliches Wesen und hast für dich beschlossen, niemandem ein Dorn im Auge zu sein. So wurden Muster kreiert, die, um die Menschen in deiner Umgebung vor sich selbst zu schonen, deine eigene Erinnerung mehr und mehr überlagerten. Jetzt bist du schon ganz dicht an die Ursprungsmatrix herangekommen. Was du feststellen kannst, sind durchaus Reste kollektiver, familiärer und individueller Prägungen, die dich in deinen Meinungen und Haltungen geformt haben und möglicherweise immer noch zur Ausprägung bestimmter Symptome führen.

Jetzt kannst du anders damit umgehen.

Dein Göttlicher Kern in Verbindung mit deinem Höheren Selbst zeigen dir diese Zusammenhänge, wenn du danach fragst, und Liebe und Verständnis für dich selbst entwickeln sich darin auf natürliche Weise.

So verstehst du auch die Menschen in deiner Umgebung immer besser, und das ist der Punkt, an dem du die Einprägungen aus der Kindheit auslöschen kannst: durch deine Liebe. Ist das nicht paradox? Durch Liebe sind die Muster entstanden und durch Liebe werden sie erlöst. Darin liegt ein tiefes Geheimnis. Wenn du es entschlüsselst, hast du diese Ebene gemeistert.

Was als Nächstes kommt, hat mit der Natürlichkeit und Folgerichtigkeit zu tun, in der sich die Evolution befindet: Du wirst anderen dabei helfen, sich selbst zu erkennen, indem du ihnen deine vollständige Liebe und Fürsorge schenkst.

Die Meister werden sich zusammenschließen in Lebensgemeinschaften, die holografisch angeordnet sind und das Kollektivbewusstsein auf die gleiche Weise verwandeln, wie es individuell mit dir geschehen ist. Ihr seid das Salz der Erde. Vergesst es nicht. Du bist das Licht der Welt.

Dein Licht ist Wegweiser für viele. Doch ihr braucht nicht mehr in der Trauer zu leben, in Kummer, Verneinung und Schmerz, denn ihr habt die Magie der Freude für euch entdeckt und befreit. Wunder sind möglich, denn sie sind nur der Ausblick in eine weitere Ebene des Seins, die sich erst punktuell und dann Schritt für Schritt eröffnen wird. Für euch öffnen sich die Erfahrungsräume eurer kosmischen Geschwister, und ihr werdet Wissen und Weisheit daraus schöpfen, um euren Brüdern und Schwestern auf der Erde zu helfen.

Wir laden dich ein, ein Segen zu sein und dich auf das Innigste mit uns zu verbinden, um dem Ganzen zu dienen und die Erfahrung zu heiligen.

Es gibt Abteilungen für Heilung, für Ökologie, für Technik, für Umwandlung von Energien, für Kommunikation, für

Forschung, für Musik, für die Künste und auch für individuelle Studien jedweder Art.

Von jeher haben wir euch begleitet, doch ihr wart euch dessen nicht bewusst. Vieles ging verloren in den Wirrungen der Stofflichkeit.

Heute habt ihr die Möglichkeit, das Paradies auf Erden zu erschaffen, in Wahrheit und Liebe zu sein und euch auf völlig neue Weise zu erfahren und zu entfalten.

Wenn du diesen Bewusstseinswandel vollzogen hast, brauchst du dich vor dem Kontakt mit den Jenseitigen nicht mehr zu fürchten.

Du kannst deine neuen Verbindungen festigen und zum höchsten Wohle aller nutzen.

So wird die Erde angehoben in das Paralleluniversum und eine neue Epoche des Menschheitstraumes erschaffen: eine Ära des Friedens, der Liebe und der Verbundenheit mit allem Sein. Jenseits des euch Bekannten sind die Wunder, und jenseits der Wunder befindet sich Liebe.

Liebe, Liebe, Liebe.

Und am Ende bleibt nur die Liebe.

So nehmt unseren Segen, denn ihr seid die Gesegneten.

Ihr werdet das Antlitz der Erde verändern.

Die Arbeit, die vor euch liegt, ist wundervoll, segensreich und unvergleichlich erfüllend. Lichtarbeiter, bringe dein Herz zum Singen!

Es grüßen und lieben dich die Kosmischen Meister unter Führung von Jesus, dem Christus, allezeit.

Sei bereit für einen neuen Zyklus.

Du befindest dich an der Schwelle. Hinter dieser Tür ist nur Licht, nur Liebe, nur Wahrheit, Weisheit, Vollkommenheit, Ganzheit, Verbundenheit und Einheit.

Denn am Ende ist nur die Liebe.

OM SHANTI

20. 8. 2008

Planetare Bewusstseinsgruppen

Einführung

Das Erleben meines eigenen Erwachens war ein Prozess, der sich über mehrere Monate entfaltete, und ich will dich, lieber Leser, ermutigen, indem ich darüber berichte, wohin er mich geführt hat.

Das, was hier „Channeling" genannt wird, begann sich am 1. 1. 2007 in mir und durch mich zu verwirklichen.

Damals war ich persönlich vollkommen verzweifelt. Ich sah keinen Ausweg. Ich wusste wirklich nicht mehr weiter – was dazu führte, dass ich sämtliche Hoffnungen, Wünsche und Absichten, die ich je in mir genährt hatte, in einem Moment des Loslassens völlig aufgab und um die Führung meiner unsterblichen Lichtseele bat. Ich gab mein Leben auf zugunsten einer höheren Wahrheit, die meinem menschlichen Bewusstsein nicht bekannt war, weil ich tatsächlich alles andere als nicht mehr passend für mich empfinden konnte: ich war am Ende.

Die Sonne schien hell und strahlend direkt auf mich, wie ich an meinem Tisch im Wohnzimmer saß, und ich begann, die erste richtige Botschaft aufzuschreiben, so wie ich sie empfing. Ich weiß nicht, ob du mir glaubst, wenn ich sage, Gott sprach zu mir in diesem Moment.

Im Folgenden ging ich durch alle Schichten meiner Inkarnationen, um den darin enthaltenen Schmerz aufzulösen. Ich wurde dabei liebevoll angeleitet von meiner Seelenfamilie, mit der ich seither in inniger Verbindung stehe.

Das Buch: „...denn ich bin Liebe" entstand auf diesem Weg – und die Segnungen, die ich empfing, sind unbeschreiblich.

Im Juni letzten Jahres (2007) wurde mir mitgeteilt, ich solle in einem lokalen Anzeigenblatt eine kleine Notiz aufgeben zur Gründung einer Gruppe.

Als Anhang ist das Material, das ich für diese Gruppe erhalten habe, hier veröffentlicht.

Zunächst empfing ich hauptsächlich schriftliche Durchgaben, doch in jenem Sommer wurde ich an die Aufgabe herangeführt, in und vor Menschengruppen zu sprechen. Die entsprechenden karmischen Prägungen, die heftige Ängste in mir auslösten, konnte ich schrittweise bewältigen und auflösen.

Mir wurde eine Art zu heilen vermittelt, die ich in Zukunft in und mit Gruppen anwenden werde.

Auf den Seelenebenen erhielt ich im Verlauf des letzten Jahres die entsprechenden Einweihungen, um diese Arbeit tun und auch weitergeben zu können.

Innerhalb der Lichtgruppe, die heute noch besteht, erlebten wir deutliche Prozesse, in denen wir, die dazu bereit waren, tieferes Vertrauen und größere Hingabe entwickelten. Für mich selbst bedeutete das, einen immer größeren Teil der aktuellen Informationen, die ich vorher in schriftlicher Form erhalten hatte, live zu channeln. Unsere Meditationen sind dadurch tiefer und kraftvoller geworden. Ich gehe heute zu unseren Treffen, ohne zu wissen, was kommen wird. Ich bin die Sprecherin meiner Gruppe, der Bruderschaft der Freude, die in dieser Zeit inkarniert ist, um als Helferin zur Erweckung und Befreiung der Menschheit zu dienen.

So findest du hier die Anfänge unserer Geschichte als eine der neuen Planetaren Bewusstseinsgruppen, die in Zukunft vielleicht auch in deiner Nähe oder durch dich gegründet werden.

Joy Sophia Neie, 25. 8. 2008

I.

Es ist der menschlichen Rasse zu eigen, dass ihr dermaßen individualisiert seid. Tragt euch das nicht nach, werft euch eure Verschiedenheit nicht vor – nutzt diese Erfahrung als eine Stufe auf der Leiter zur *Freude*! Sprosse für Sprosse tragen euch hinein in ein Glücks-Bewusstsein in der Wertschätzung und in der Achtung vor dem Wunder des Lebens! Ihr habt hier eine Gelegenheit, miteinander zu wachsen und aneinander zu lernen, wie sie nur dermaßen individualisierte Wesenheiten hervorbringen konnten. Freut euch daran! Freut euch aneinander. Erfreut einander. Ihr seid das Licht! Alle zusammen. Und so begrüßen wir euch und nennen euch das „Lichtnetz Kassel", geliebte menschliche Wesen! In Harmonie und Zusammenarbeit werdet ihr Wunder über Wunder erschaffen und erfahren. Ihr seid die Werkzeuge des Geistes und ihr *seid* der Geist. Ihr seid eins in vielen, die vielen Gesichter des Einen. Auf eurer Frequenzebene erwacht, kommt nun die Möglichkeit, sich mit den höheren Schwingungen zu verbinden und die Zusammenarbeit zu beginnen mit den Gruppen des planetaren Logos, so ihr bereit dazu seid. Entscheidungsfreiheit ist euer Privileg, ihr Lieben, also ist das ein Angebot, eine Gelegenheit, die immer besteht, auf dass ihr sie ergreifen mögt, wenn ihr wollt. Ihr seid die Heiler, ihr seid die Geliebten, ihr seid die Gesegneten! Ihr seid Bewusstsein, und euer Bewusstsein, das Bewusstsein, das ihr seid, ist dabei zu wachsen. Ihr seid die Wachsenden, ihr seid die Erblühten. Freut euch, freut euch, seid in der Freude mit uns und innerhalb dieser Freude, dieser gefühlten Freude vollständig und bewusst verbunden. Euer Bewusstsein, geöffnet in Bereitschaft und Bereitwilligkeit zu empfangen. Wir sind hier, um euch Hilfe zu geben und Unterstützung für euer Werk und Wirken. Wir sind hier, um den Aufstieg der Erde zu unterstützen und die Erlösung für einen jeden menschlichen Entwicklungsprozess aus dem Leiden in die Freude, aus der Verhaftung in die Unendlichkeit eures wahren Wesens. Seid in Frieden, Gesegnete, das sprechen wir – die Bruderschaft, die Weisen aus dem Rat der Sterne, die euch sehen und mit Wohlgefallen einen jeden Einzelnen von euch begleiten seit geraumer Zeit. Habt ihr es gespürt? Habt ihr uns wahrgenommen, des Nachts, wenn wir euch besuchten? Neue Informationen dringen durch die sich auflösenden Schichten der Dunkelheit und Schwere eures Planeten. Liebt einander, seid in der Freude und helft euch gegenseitig. Euer Bewusstsein erschließt sich neue Dimensionen der Wahrnehmung, und damit kommen neue Fähigkeiten zur Wandlung des Schicksals eures Planeten, der Erde. Wunderschöne Gaia, ein Juwel im All! Euer Bewusstsein allein wird Erlösung bringen.

Ihr seid wichtig. Ihr seid die Heiler. Wir zählen auf euch. Ihr seid die Hoffnung für viele. Öffnet euch für die Zusammenarbeit mit uns, wir haben Geschenke, die große und noch größere Hilfe und Freude für euch bedeuten, als ihr euch vorzustellen vermögt. Ihr geht Schritt für Schritt in eine Zukunft unendlicher Liebe, Freiheit und Freude. Gesegnet seid ihr, so spricht Orin, Sprecher der Galaktischen Föderation. Es gibt ein Bündnis der Zusammenarbeit zwischen uns und euch, das noch vor eurer Geburt geschlossen worden ist.

Erinnert euch, ruft eure Zellen auf, diese Informationen frei-zugeben, die euch jetzt an diesem Wendepunkt das Erinnern ermöglichen werden. Ein jeder von euch ist gesegnet und vor-bereitet für seine Aufgabe zur Rettung des Planeten.

Zunächst erlaubt euch, anzuerkennen, wer ihr wirklich seid. Allein und gegenseitig. Übt, in Gemeinschaft zu sein. Ihr seid das nicht gewöhnt, weil eure Vorbehalte, die gesell-schaftlichen Prägungen, immens dagegen gewirkt haben, wahre Gemeinschaftlichkeit je zuzulassen. Nur in der Bereit-schaft dazu und vollkommener Hingabe an Liebe und Freu-de, die das höhere Bewusstsein für euch öffnen, überwindet ihr diese Hindernisse. Erlaubt das Erleben größerer Freude, die den Weg dazu öffnet. So bitten wir diese Gemeinschaft von lang bekannten Lichtarbeitern (ist es dir bewusst gewe-sen?), sich die Zeit zu geben, um Freude miteinander und an-einander zu finden. Sei dies eure allererste Priorität, ihr Lie-ben! Auch wir nennen uns hier die Bruderschaft der Freude für euch, um die Wichtigkeit dessen herauszustellen und für euer Denken fassbar zu machen. Tretet ein, diese Tür ist ge-öffnet. Willkommen zu Hause!

Genießt eine Weile die Stille und die Segnungen, die wir euch spenden.

II.

Fahrt mehrgleisig in diesem neuen Bewusstsein. Ihr müsst euch nicht mehr auf das beschränken, was ihr gestern gewusst habt oder was euch gestern gesagt wurde. Die Botschaften von gestern sind die Fußangeln des Morgen, wenn ihr daran festhaltet, ohne den Blick auf Neues zu richten. Eure Bereitschaft, eine Weitung all eurer Blickwinkel zuzulassen, ermöglicht das Gewahrsein von Trennung im allumfassenden Bewusstsein der Einheit und Freiheit in Gott.

Ja, das klingt mystisch, doch wie könnte euer Verstand erfassen, was wir meinen? Simultane Mehrdimensionalität in einem menschlichen Bewusstsein zu erfahren, wird neu und eine Herausforderung für euch sein, glaubt mir das. Ihr wisst nicht, wie das geht? Doch, Ihr wisst das. Habt ihr eure Schuhe zubinden gelernt, damals, als es noch Schnürsenkel gab? Glaubt mir, das Handgeschick und die Koordination, die dieser Vorgang erfordert, ist euch bekannt. Wir sehen auf euch in Vertrauen, es in der Gleichzeitigkeit zu erlernen, wenn ihr es ausprobiert. Denn ihr werdet es ja erfahren, jetzt, wo sich die Schwingungen der Erde und eurer Körper unablässig erhöhen. Konzentriert euch auf eure Mitte in euren Herzen, von dort her kommt das Licht, das euch Zentrierung und Klarheit in jedem Augenblick zu geben vermag. Haltet Wunder nicht nur für möglich: bittet darum. Seid euch selbst ein

Wunder, indem ihr dem erlaubt, in euch hervorzutreten, was für diese Gnadenzeit in euch ruht. Ihr werdet erstaunt sein. Genießt das Erwachen, geliebte Seelen, so finden wir euch in der Fülle goldenen Lichts. Wir werden kommen, euch zu begrüßen und zu umarmen und euch zu beschützen und zu lehren, wenn ihr euch dazu bereit erklärt. Wir, das sind die Gesandten der Sterne, die in einem Friedensbündnis mit euch stehen.

Unsere Aufgabe ist es, bei eurem Aufstieg zugegen zu sein und euch zu helfen gemäß den Weisungen des Vaters.

Wir sind in der Einheit mit euch, aber noch auf der anderen Seite des Schleiers, weil ihr uns zurzeit nicht zu sehen vermögt. Wir aber sehen euch, und wir sehen euch mit Freude!

Lasst diese Botschaft der Hoffnung in euren Herzen keimen, auf dass schon bald mehr Licht im Kreislauf eurer Drüsen zirkuliert. Das hebt euer Bewusstsein schrittweise an und verändert eure Wahrnehmung und eure Wirklichkeit.

Machtvolle Schöpfer seid ihr; ungesehen und versteckt war diese Kraft in euch, ihr hattet vergessen, was ihr vermögt.

Wenn ihr nun voranschreitet in ein erweitertes Bewusstsein eurer Natur und eures Wesens, haltet inne für eine Weile an jedem Tag und betrachtet den göttlichen Funken in euch, die Flamme der Schöpferkraft. Tretet in eine freundschaftliche Beziehung zu diesem Licht, zu der Wahrheit der Gegenwart Gottes in euch. Nicht fürchten sollt ihr euch vor dem Zentrum eures Herzens, denn es ruht tatsächlich eine starke, tiefe Macht an diesem Ort.

Wer von euch hat keine Angst vor seiner eigenen Macht?

Betrachte diese Flamme ruhig mit deinen inneren Augen. Nähere dich ihr. Befreunde dich mit ihr. Nähre dich an ihr und wärme dich ruhig an diesem Feuer in deinem Zentrum. Es ist Alles. Es ist deine reine, ursprüngliche Verbindung zu allem. Diese Herzensflamme ist rein, vollkommen rein. Sie ist makellos. Empfinde das. Ganze Universen entstehen aus dieser Flamme. Du bist Bewusstsein, reines Bewusstsein, doch jenseits dieses Bewusstseins bist du eine Flamme, ein Funken des ewigen Feuers. Was ist das Feuer? Ist es Bewusstsein? Ist es Wahrheit? Ist es Licht? Nähere dich weiter. Ohne Furcht. In diesem Licht wirst du dich selbst erfahren. In diesem Licht bist du Glückseligkeit.

Wir öffnen dir diesen Weg – JETZT. Wir nennen euch diesen Weg, diesen Pfad, diese Möglichkeit, eure Herzen zu finden, euer Leben zu begrüßen, eure Wahrheit zu umarmen. Seid noch ein wenig in der Stille.

Text als Meditation für die Gruppe für den 9. 9. 2007 durch Maitreya u. Erzengel Michael

III.

Meditation für die Gruppe:

Gib dein Herz in die Liebe und verwandle dein Bewusstsein in Licht.

Gehe zurück den Weg von der Form zum Ungeformten. Bade in der Energie der Liebe. Denn heute ist der Tag, jetzt ist der Moment, der Augenblick, deine Göttlichkeit zu erfahren.

Wie kannst du erfahren, wer du wirklich bist, wenn du deine Sinne nach außen richtest und die äußere Welt als die Wirklichkeit definierst?

Bist du verbunden mit Gott, die ganze Zeit, so ist dieses Sein und diese Verbundenheit doch nicht das Maß, an dem du deine Alltagserfahrung misst, solange du nicht die Entscheidung triffst, deine Definitionen zu verändern.

Änderst du deine Definitionen, ändert sich *alles* für dich.

Wenn du nach innen lauschst und deiner Seele die Entscheidung überlässt, wirst du auf einen Weg in die Unendlichkeit geführt, der die Möglichkeiten deiner jetzigen Vorstellung weit übersteigt. So große Herrlichkeit ist euch gegeben, ihr Menschen, und so großer Segen!

Das Experiment mit dem freien Willen hat euch unendlich viele Möglichkeiten gegeben, euch selbst auszudrücken und zu erfahren. Wenn die Essenz dieser Erfahrung verwandelt ist in

Weisheit, verstrahlt *bewusste* Liebe, die euch mit tiefem Verständnis erfüllt.

Dieses Verständnis zu erreichen, war euer Wunsch und eure Absicht.

Tadelt euch nicht dafür.

Tadel nicht länger dich selbst oder andere für das, was sie tun, denken und erleben. Ihr seid Schöpfer! Ihr selbst habt gewählt und wählt in jedem Moment, in jedem Augenblick eures Lebens *neu*!

Vollkommene Freiheit ist vollkommene Wahlfreiheit! Kannst du akzeptieren, geliebtes Menschenwesen, dass dir alle Möglichkeiten zur Verfügung stehen? Bist du bereit, deine Schöpferkraft anzuerkennen und in einem neuen Bewusstsein zu nutzen?

Lebe das. *Atme. Fühle. Sei.*

Und die Erfahrung entsteht in jedem Augenblick, in dem ihr euch diese Erfahrung erlaubt.

Doch wenn sich die Dimensionen für euch öffnen, begegnet ihr Euch selbst und euren Urteilen in verstärkter Form. Denn die Lichtkraft der zusätzlichen Seelenebenen, die in euren Körper bis hin auf die physische Ebene integriert werden, verlangen eine Bereinigung aller menschlichen Bereiche: irdisch-materieller, seelisch-emotionaler, mentaler, kausaler und karmischer Art. Ihr seid mit euch selbst konfrontiert in noch nie dagewesener Weise.

Dann erinnert euch eurer Brüder und Schwestern in der geistigen Welt, die euch eine klarere Sichtweise vermitteln können und werden, wenn ihr sie darum bittet.

Auch die physischen Symptome des Übergangs wie Kopfschmerzen, Übelkeit, Verwirrung, Schmerzen in verschiedenen Körperteilen usw. werden gemindert und gelindert, wenn ihr sie darum bittet. Ein weiteres Symptom ist das

Einsamkeitsgfühl. Es sind uralte Erinnerungen, die nun aus euren karmischen Körpern frei werden. Ihr könnt euch zeitweise völlig orientierungslos fühlen. Aber das geht vorbei.

Geistige Helfer geleiten und begleiten euch durch den Prozess. Es ist ein Übergang, die Geburt von etwas völlig Neuem und Einzigartigem für jeden von euch. Nehmt an die Liebe aus dem kosmischen Herzen.

Nehmt an die Liebe eurer Seelenfamilie.

Nehmt an die persönliche, bewusste Liebe der Menschen in eurer Umgebung.

Und seht: Ihr alle macht das Gleiche durch. Ihr seid die Transformation und die Transformatoren.

Ihr seid das Licht!

Habt ihr das gewusst, habt ihr das vergessen, seid ihr nun erwacht im Wiedererkennen eurer Wahrheit und Wirklichkeit?

Nehmt an die kosmische Dimension eures Wesens. So sprechen wir in Verbundenheit, so sind wir in der Liebe mit euch, so fühlen wir euch und ihr lasst uns sprechen durch unseren Kanal. Denn viele von uns haben lange auf diesen Augenblick in dieser Zeit gewartet, um euch unsere Liebe fühlen zu lassen und zu vermitteln diese Botschaften über euren Weg und euer Wissen, das nun neu entfaltet wird durch eure Seelen in euren Körpern und euren Lebensausdrücken. Freude ist hier, Freude, unendliche Freude über euch, die es geschafft haben, durch die Endlichkeit in die Unendlichkeit zu sehen.

Wenn ihr nun eure kosmischen Brüder und Schwestern in eurer Nähe fühlt, dann seid in der Freude mit uns zusammen. Teilt diese Freude, die wir sind, mit euren Brüdern und Schwestern auf der Erde, die das Licht noch nicht so erkennen und die sich ihres Seins nicht bewusst sind. Sie brauchen eure Liebe, um erwachen zu können, und sie brauchen eure

Hingabe und euer Gebet. Denn alle Herzen sind miteinander verbunden, und so rettet ihr viele, wenn ihr euch selbst rettet. Ihr erschafft einen neuen Weg, den andere sehen und dem sie folgen können. Das ist es, warum ihr hier seid, und dabei wollen und können wir euch helfen. So ruft uns, die Aufgestiegenen Meister der Weißen Bruderschaft, dass wir mit euch zusammenarbeiten und euch in Liebe dahin lenken, neue Wege zu begehen und Lösungen zu finden, die alle in Liebe zueinander vereinen werden. Nutzt euren *Atem*. Atmet unsere Namen: Kuthumi, Maitreya, Sananda. Atmet die Namen der Meister, die ihr in eurer Nähe fühlt, und wir werden zu euch sprechen. Das ist ein Versprechen.

Atmet unsere Namen hinaus in die Welt als einen Segen für eure Schwestern und Brüder, die auf dem Weg sind wie ihr. Das ist ein Vorschlag für ein Gebet des Herzens in aller Schlichtheit und Wahrhaftigkeit.

Wir lieben euch.

Gegeben am 9. 9. 2007 und 3. 10. 2007
durch die Bruderschaft der Freude

IV.

Fahrt mehrgleisig in diesem Bewusstsein.

Wenn etwas nicht klappt, so schaltet sofort um und seht die Potenziale dessen, was ist, die dazu geführt haben, dass die Situation sich in genau dieser Art und Weise manifestiert hat.

Achtet die Göttlichkeit dessen, was *ist*.

Ihr nutzt diese Göttlichkeit, indem ihr in Harmonie damit *seid*. Das entscheidet ihr mit eurer Einstellung dazu. Seht, wenn ihr in aller Liebe und Güte und Akzeptanz dessen, was *ist*, seid und handelt, könnt ihr niemals fehlgehen.

Die göttliche Harmonie und Ordnung trägt euch wie ein weites Kleid.

Wenn ihr der Umhang des Schöpfungswissens seid, existiert Entfernung an der Peripherie, nicht aber im Kern. So *seid* ihr eins mit dem Zentrum der Schöpfung und des Erschaffens.

Das ist wahre Göttlichkeit.

Es ist nicht leicht, sich umzustellen und einzustellen in diese neue Haltung. Wir wissen, dass es euch vollkommen herausfordert, weil ihr die gewohnten Sichtweisen zunächst loszulassen bereit sein müsst, um in der weiteren Entfernung und Individualität, in der ihr euch befindet, das Licht Gottes zu *sehen*. Doch tut es. Versucht es. Wir sind hier, um euch dabei zu helfen, in ein neues Lebensgefühl hineinzuwachsen.

Wir, das ist die Gruppe von Michael. Und so wie ihr es mit dem Michael-Prinzip des Erzengels verbindet, bedeutet das Überwindung des Egos. Was ist das Ego? Es sind eure gesammelten Einstellungen. Wenn ihr nicht neu werdet und weit und das Christuslicht durch euch strahlen lasst, wiederholt ihr nur immer und immer wieder das Altbekannte und das Gewohnte. Die Geburt des neuen Lebens geschieht im Moment der Bewusstwerdung einer umfassenderen Wahrheit. Verwechselt das nicht mit Opfern. Keine Opfer sind in Wirklichkeit nötig, um Fortschritt jedweder Art zu erzielen. Vielmehr ist es eine Verwandlung, ein Akt der Transformation, in dem euer Blick sich weitet und euer Herz eine Weisheit und Erkenntnis gebiert. Lasst uns sagen, die Grundlage des Erlebens für euch als Menschen ist die Materie und die Erfahrung, die ihr in der Materie macht. Dazu gehört die Polarität, die Trennung, die Entwicklung von Ego und Individualität vollkommen. Du bist vollkommen als individuelle, individualisierte Seeleneinheit, die auf der Ebene der Persönlichkeit von euch als Ego bezeichnet wird. Mit diesem Ego und mit dieser Persönlichkeit triffst du die Entscheidung für den Aufstieg aus der Materie, der materiellen Ebene, zurück ins Gottesbewusstsein. Es ist ein königlicher Weg, an dem nichts falsch ist. Erlaube dir zu sein. So zu sein, wie du, und einzigartigerweise nur und ganz allein du *bist*! Als ein Teil der Unendlichkeit bist du Seele, geliebt und geehrt!!!

Wir tadeln dich nicht für deine Eigenheiten, das tun wir nicht!!! Wir *lieben* dich dafür! So liebe dich nun auch selbst und achte dich als einen Teil von Gott, wie alle Lebewesen Teil von Gott sind. Das ist kein „Spruch", das *ist* Wahrheit!

In dieser Wahrheit und Wirklichkeit erlangst du Befreiung, geliebtes Wesen, und der Schlüssel dazu ist Selbstrespekt und vollständige Anerkennung der Wahrheit, Wirklichkeit und Einzigartigkeit jeder individuellen Signatur der göttlichen Schöpferkraft.

Anerkenne das Gute in den Entscheidungen, die du schon getroffen hast. Anerkenne das Gute in deiner Absicht und in deinem Willen, Gott und den Menschen zu dienen! Anerkenne das Gute in einer jeden individuellen Seele, die auf dem gleichen Weg ist wie du: einzutauchen in die materielle Schöpfung und zu vervollkommnen die Ewigkeit.

Sei. Sei, die du *bist. Sei die Seele, die du warst und bist und je sein wirst.* Du bist unendlich und unbegrenzt. Du bist Teil von Allem-Was-Ist. Du *bist* wunderbares, einzigartiges, individualisiertes Bewusstsein. Deine Schönheit ist eine Freude für die Welt. Glaube das. Fühle das. Lebe das. Wir lieben dich. Wir lieben euch alle. Wir sind ein Bewusstsein, doch begleiten wir euch in unverkörperter Form. Wir helfen euch auf unsere Weise bei eurer Entwicklung, wenn ihr uns ruft.

Es grüßt euch die Gruppe von Erzengel Michael aus der Liebe, aus der Wahrheit, aus der Freude. Auch wir sind Teil der Bruderschaft der Freude. Diese Bruderschaft ist umfassend für viele Bewusstseine. Wenn du dich auf uns einstellst, kannst du in jedem Bereich Heilung und Hilfe erfahren, weil die Freude ein Schlüsselprinzip des Aufstiegs ist. Die Bruderschaft der Freude ist der Aufstiegshelfer für alle Planeten und Dimensionen des Universums. Das ist neues Wissen für euch. Kuthumi, Maitreya, Sananda, Lord Sanat Kumara und viele andere Wesen gehören dazu. Die Ausrichtung ist ähnlich der Weißen Bruderschaft, aber nicht identisch. Doch gibt es viele Wesenheiten, die in beiden Bruderschaften dienen und Aufgaben erfüllen. Die Weiße Bruderschaft initiiert den Aufstieg von Menschengruppen in ein erweitertes Bewusstsein, um in den Zeiten des allgemeinen Aufstiegs ganzer Rassen und Planeten dann als Lehrer und Führer wieder zu inkarnieren, bzw.

von anderen Ebenen aus zu wirken in Zusammenarbeit mit der Bruderschaft der Freude. Die Bruderschaft der Freude umfasst die gesamten Dimensionen dessen, was ihr Engelbewusstsein nennt. Es ist ein Verbund aufgestiegener Seelen, die als Individuum inkarniert waren und Erfahrungen als Persönlichkeit gesammelt haben *und* der Engelebenen, die Bewusstsein in unablässiger Freude *sind*. Auch eure Zukunft, liebe Menschheit, wenn ihr sie wählt, denn das ist die Zeit eurer Möglichkeit dazu.

Gegeben in Liebe, Licht, Vollkommenheit und Freude
zum allerersten Mal (doch nicht zum letzten!)
am Dienstag, den 25. 9. 2007 durch Maitreya

V.

Achte alle Wesen, gleich, welchen Ausdruck sie sich gewählt haben.

Unendlich viel Schmerz ist auf der Erdebene manifestiert worden, um die Erfahrung der Getrenntheit, der weitest möglichen Entfernung von der Quelle zu ermöglichen, die alle Seelen, ausnahmslos alle, die jetzt hier sind, machen wollten.

Täter und Opfer sind zwei Komponenten dieses Spiels. Wenn auch die Rollen ungleich verteilt zu sein scheinen, sie sind es nicht.

Die Weisheit der Seele und das Licht Gottes ermöglichen jeden Ausdruck des Lebens. So ist auch das Böse Teil der Manifestation unendlicher Liebe und Gnade. Wenn ihr das nur sehen wolltet, geliebte Menschenwesen, ist eure Heilung vollbracht im Bruchteil eines Augenblicks. Ewigkeit, Güte und Gnade sind die einzig feststehenden und bleibenden Komponenten im Prozess der Auflösung und Umwandlung eures Karmas, das auf der Ebene der Dualität Realität hat. Nicht für einen anderen – für euch selbst zuerst begebt euch in diesen Dienst. Und alle Mächte des Himmels dienen an eurer Seite, das Werk der Liebe zu vollenden, das mit dem Eintritt der Seelen in die dreidimensionale Erfahrung begann.

Lobet Gott in euren Herzen, denn es ist Güte und Gnade in Fülle vorhanden. In diesem Zustand seid ihr frei, euch selbst und anderen zu vergeben. Mit jeder Vergebung, die ihr aussprecht, erhaltet ihr eure Unsterblichkeit zurück und euer Bewusstsein von Wahrheit und Wirklichkeit jenseits der Subjektivität.

So erhaltet ihr zwei Gaben durch das Leben auf der Erde: das Erkennen und Anerkennen der Individualität und das Wieder-Anbinden an die Ewigkeit.

Segnet euch in der Anerkennung des Ausdrucks eures persönlichen, individuellen Seins! Segnet euch selbst, die ihr so mutig seid, diesen schwierigsten aller Wege zu beschreiten. Segnet eure Mitmenschen, die auf innigste Weise mit euch verbunden sind durch eure Herzen. Wenn ihr euch selbst erlöst, erlöst ihr Gott. Ihr erlöst den Gott in euch, in seine Wiederkunft hinein, und das ist das zweite Kommen Christi auf Erden, und dieses Mal ist es der Christ-in-euch, der geboren wird durch Vergebung und die Anerkennung eurer Liebe und Schönheit, eurer Wahrheit als Person in Existenz und der Verbundenheit allen Seins.

Vergebt euren Feinden, denn sie sind wie ihr Teil des großen Ganzen. Kein Mensch ist Täter, ohne selbst zu leiden. Es ist der Schmerz der Welt, der sich durch liebende Individuen ausdrückt, die diese Mission auf sich genommen haben, um sich am Ende zu erlösen und einen Zuwachs an Erkenntnis und Freude in Bewusstheit zu erlangen und dem Bewusstsein als Ganzem hinzuzufügen. Verachtet euch nicht. Ihr seid Gott, und Gott ist gütig, Gott ist Gnade, Gott ist Gerechtigkeit und Gott ist Liebe. So bist du gütig, bist du Gnade, bist du Güte, Gerechtigkeit und Liebe in deinem Wesen und in deinem Sein. Wie hast du gelernt, deine Wahrheit auszudrücken?

Erlaube dem Schmerz, in deine umfassendere Bewusstheit zu gehen. Dort wandelt sich die Erfahrung in ihrer Essenz zu mehr Weisheit, Güte und Licht des Bewusstseins von Allem-Was-Ist.

Denke nicht, die Erfahrung, die du gemacht hast, sei nicht neu und einzigartig. Sie *ist* einzigartig, wie auch du einzigartig bist. Gott, der Schöpfer, liebt alle seine Wesen in vollendeter Güte. Und all seine Wesen dürfen sich erfahren nach ihrem Wollen und ihrer Wahl. Ehre deine Erfahrung. Ehre eine jegliche Erfahrung, denn sie *ist* geehrt aus der Sicht des Göttlichen in jedem Fall.

So vergib, was du zu vergeben hast, und werde frei, im Alleinen zu sein, denn du bist gütig und du bist Gott.

Und so ist es.

Amen.

Erzengel Raphael am 28. 10. 2007
als Meditation für die Gruppe

VI.

Persönlichkeit ist ein Konstrukt, etwas, das du dir zusammen-
bastelst, um Erfahrungen zu machen. Aus Sicht der Seele entscheidest du dich für einen bestimmten Kontext, der einige
Ergebnisse erwarten lässt hinsichtlich der Zielvorgabe, die du
als deine Aufgabenstellung entscheidest, um dem großen
Ganzen zu dienen.

Wenn du diese Entscheidung getroffen hast, suchst du einen Lebensausdruck, der dir die Möglichkeiten bietet, die du
dazu brauchst.

Persönlichkeit ist die Schüssel, der Inhalt ist deine Seele,
die durch den biologischen Körper mit seinen stofflichen und
feinstofflichen Ebenen operiert. Aber die Seele ist doch viel
größer und umfassender als das, was in die Persönlichkeit hi-
neinpasst!

Deshalb ist die Persönlichkeit nichts Festes und Endgülti-
ges. Du als Person bzw. Persönlichkeit bist ein Wachstumsprozess in seiner momentanen Befindlichkeit. Der Ausdruck,
den du heute hast, ist ein Konglomerat aus getroffenen Entscheidungen, die aus Erlebnissen resultieren, die du selbst geplant hast.

Es ist wie ein Theaterstück, wo du der Regisseur bist und
mit Faszination beobachtest, welchen Ausdruck gerade diese
Schauspieler in ihrer augenblicklichen Befindlichkeit und

Verfassung den Rollen, in die sie geschlüpft sind, verleihen. Und wenn du zehnmal im Verlauf Deines Lebens die Geschichte von Romeo und Julia im Theater siehst, du merkst, was ich meine, ist der Inhalt zwar vorgeschrieben, jede Interpretation aber total persönlich.

Jede Julia ist anders, die du zu den Aufführungen erlebst, weil jeder Mensch aufgrund seiner individuellen Erfahrungen in derselben Lebenssituation vollkommen einzigartige, eigene Gefühle und Gedanken erlebt, erfährt und wiederum aussendet. Alle Schauspieler prägen ihre Rolle durch sich selbst.

Nun ist dieses Theaterstück im wirklichen Leben auch noch flexibel, das heißt, an keinen vorgeschriebenen Ausgang gebunden. Romeo und Julia können sich unter denselben Ausgangsvoraussetzungen auch anders entscheiden als in der klassischen Variante. Damit ergibt sich ein neuer Verlauf des Dramas bzw. des Lebens und ebenfalls eine neue Konfiguration der Lebensumstände aller daran beteiligten und von deren Auswirkungen betroffenen Personen.

Das macht es ja so spannend, das Spiel des Lebens.

So haben wir eine festgelegte und eine unvorhersehbare Komponente, die sich vermischen und immer wieder Neues produzieren.

Warum sollte man sich darüber ärgern? Ist es nicht eher vollkommen faszinierend, dass es so ist?

Also dient die Persönlichkeit der Entwicklung der Seele und die Seele der Entwicklung der Persönlichkeit.

Am Ende verschmelzen sie wieder in *eins*.

Das war Manu Himalaya am 17. 11. 2007

VII.

Hab keine Angst vor der Erde, der Sexualität, der Körperlichkeit, dem Fühlen und dem Denken. Dies sind Bedingungen und Werkzeuge der Materie, liebe Seele.
Alles hat Sinn und Berechtigung.
Die Erde und der Himmel sind eins.
Du bist das *alles*.
Nutze diese Erkenntnis, um Freude zu verbreiten. Es gibt nichts, was nicht sein darf.

Schmerz ist eine Folge der Umstände, aber keine Wirklichkeit an sich. Deshalb kann ein jeder Schmerz vollständig aufgelöst, erlöst werden in Verständnis durch Verstehen, in Weisheit durch Wahrheit.
Verleugnung ist *nicht* der Weg, auf dem dies geschieht und geschehen kann.
Deshalb führt der Weg zur Erlösung *durch* den Schmerz, was manchmal so aussieht wie: in den Schmerz hinein.
Du musst den Schmerz und *alle* an dem Schmerz, an der Entstehung und Aufrechterhaltung dieses Leidens beteiligten Umstände achten, anerkennen und liebevoll zulassen, um ihn lösen, auflösen, erlösen zu können. Wenn du dies tust, geschieht es *automatisch*.
Mehr ist nicht notwendig.

Die Verlängerung ungünstiger Umstände durch Wiederholung ist ein Zeichen von noch nicht anerkannten Aspekten dieser Situation.

Deshalb *liebe*. *Liebe*. Liebe ist der Urzustand. Alles kommt aus der Liebe, lebt durch die Liebe und verwandelt sich in der Anerkennung von Liebe.

Es gibt keine Nicht-Liebe. Aber es gibt ein Vergessen von Liebe, eine Täuschung und ein Karma. Das ist ein Programm, mit dem ihr lebt und eure Wirklichkeit kreiert.

Damit habt ihr euch Möglichkeiten erschaffen, Gefühle verschiedenster Qualität und Intensität zu erleben. Sie sind der Reichtum der irdischen Erfahrung.

Du bist reich, wenn du zulässt, deine Emotionen in der Tatsächlichkeit zu leben.

Keine Gefühle und Emotionen zu haben oder haben zu wollen, bringt niemanden dem Himmel näher, denn der als Himmel bezeichnete Zustand der Seligkeit ist auch eine Emotion.

Sie kommt aus deiner Mitte, der Ewigkeit.

Dort ist ein Klang, und dieser Klang erzeugt das entsprechende Gefühl.

Wenn du nichts fühlen willst und das Fühlen ablehnst, bist du in einer vollständigen Erstarrung, die den Klang nicht hindurchlässt.

Erst wenn du mit den Emotionen fließen gelernt hast, ohne sie kontrollieren, kategorisieren und sie bewusst zulassen zu müssen, wenn du also deine kindliche Natürlichkeit und Ursprünglichkeit wiedergefunden hast, beginnt dieser Klang aus dir herauszuklingen.

Dies war Jesus ben Joshua in ewiger Liebe
am 25. 11. 2007

VIII.

Ein zu erwartendes Ergebnis in deinem Leben ist, wenn die Realitäten miteinander verschmelzen – was sie jetzt tun – dass es mehr *Sowohl als auch* gibt als je zuvor.

Du erlebtest in der Vergangenheit durch die Polarität und Linearität der 3. Dimension „Tatsachen" deines Lebens und deiner Wahrheit eher in geordneter Abfolge nacheinander, was bedeutet, du hattest jeweils genügend Zeit, eine Art eindeutiger Erfahrung bestimmter, von dir selbst ausgesuchter Aspekte aller möglichen Erfahrungen zu machen.

Lass uns ein Beispiel geben: Du bist die Julia in *Romeo und Julia*. Das hast du dir vor Beginn deiner Reise so ausgesucht. Da ihr alle das Stück so ungefähr kennt, könnt ihr euch etwas darunter vorstellen. Da das Leben flexibel ist, gibt es eine Reihe von Variablen, die Geschichte zu gestalten und ebenfalls, wie wir schon erklärt haben, des Ausgangs. Fest steht und klar ist jedenfalls: Es geht um eine Liebe unter tragischen Umständen, die auf verschiedene Weise gelebt werden kann mit dem Ziel, sich trotz aller Widerstände zu vereinigen.

In der Vergangenheit hättest du, um die Julia als Lebensrolle wirklich kennenzulernen und zu erfüllen, diese Bandbreite innerhalb etwa zwanzig und mehr Leben nach und nach erfahren. Später wärst du vielleicht dazu übergegangen, eine der anderen Mitspielerrollen kennenzulernen, um dein Verständnis von der Welt und vom Leben als Mensch auf der Erde in diesem bestimmten Theaterstück zu vervollständigen.

Siehst du, worauf wir hinauswollen?

Nun zur Gegenwart: Willkommen in der fünften Dimension! Und hier hast du *alles*. Du hast dich als Julia unter hundertfältigen Aspekten, die du schon erfahren hast, und jetzt sind sie alle wieder da. Du kennst ebenfalls die Positionen mancher deiner Mitspieler, die du auch schon erfahren hast. Du kennst bloß nicht den Titel des Stücks, denn das ist ein Teil der Aufstellung, der dir bis zum Ende deiner irdischen Erfahrung verborgen bleibt.

Du möchtest jetzt etwas Neues kennenlernen und probieren und weißt noch nicht, was es ist.

Wir machen dir an dieser Stelle einen Vorschlag.

Schreib das Stück um. Sei kreativ. Erlaube dir, mit deinen Möglichkeiten zu spielen. Das ist etwas ungewohnt für dich, wir wissen das. Die Freiheit ist euch ein solch kostbares Gut, dass ihr nicht glauben könnt, dass ihr sie habt!

Auch das ist alte Energie. Diese Illusion wird jetzt aufgelöst, und ihr macht dazu gerade eure eigenen Erfahrungen. Glaubt euch selbst und achtet und ehrt euch darin. Ein heiliges Geschehen vollzieht sich jetzt in der Menschheit und in euch.

Ihr nehmt *neue* Positionen ein.

Das bedeutet, ihr seid in der Verwandlung. Die alten Aspekte eurer früheren Leben, die ihr schon kennt, treten *gleichzeitig* in euer Bewusstsein, wenn ihr ein Thema bearbeitet. Ihr könnt es nicht gleichzeitig im Verstand wahrnehmen. Vielleicht fühlt es sich an wie eine Lähmung, Verwirrung, Überforderung. Dann schaut mit den Augen des Herzens auf die Bilder, die kommen. Ihr erkennt euch selbst in diesem Prozess und eure höhere Wahrheit, denn ihr seid nicht diese Rollen, in denen ihr euch erfahren habt, ihr seid es *nicht*!

Und du bist es auch jetzt nicht, lieber Mensch, in diesem und auch jedem anderen heiligen Moment. Lass die alte Wahrheit sterben zugunsten einer neuen Erkenntnis und Anerkennung dessen, *der du bist*.

Freiheit.

Wir grüßen euch, wir lieben euch.

Stellt die Positionen neu ein aus dem Bedürfnis eures inniglichsten Herzenswunsches. Verwirklicht das, was ihr in euch tragt. Ihr braucht keine Wiederholung dessen, was ihr schon kennt.

Brecht auf zu neuen Ufern. Nutzt die neuen Werkzeuge! Glaubt an das Wunder, das ihr seid, und dass ihr alles erschaffen könnt, wonach ihr euch sehnt.

In diesem Jahr werden die Positionen neu gestellt. Niemand wird euch hier bestimmen, denn Ihr seid diejenigen, die entscheiden, wo es für sie lang geht. Alle Weisheit aus der Ewigkeit offenbart sich in deinem Herzen, lieber Mensch.

Auf eine umfassende Weise, die *neu* für dich ist. Ihr müsst euch erst daran gewöhnen, in dieser Energie zu sein.

Deshalb schaue, wenn dein Verstand „schlappmacht", in dein Herz. Erkenne die neuen Sprachen durch Licht, Klang, Bilder und Farben. Sie sind euch nicht vertraut, weil diese Wahrnehmung ein neues, ein zusätzliches Element eures Erdenlebens darstellt.

Gewöhne dich langsam daran und ergreife deine Freiheit. Es ist Zeit.

Wir sind in der Liebe mit euch.

Es gibt keine Trennung.

Ihr könnt immer eure geistigen Helfer fragen und um Rat bitten, doch die Entscheidung liegt bei euch, und zwar in jedem Augenblick.

Das Neue ist, die gesammelte Weisheit des Kosmos dafür nutzen zu können, denn ihr seid aufgestiegen, und das ist es, was es bedeutet.

Ihr unterliegt nicht mehr dem Gesetz des Vergessens.

Liebt und segnet eure Erinnerung.

Euer Herz ist weise und wählt, was euch dient.

OM SHANTI
Amen

Verschiedene Mitglieder der Galaktischen Föderation am 13. 1. 2008

Über die Autorin

Sabine Joy Sophia Neie wirkt seit 2007 als Kanal für die Bruderschaft der Freude.

Sie ist ein Teil der universellen Hilfe, die den Aufstieg der Erde und der Galaxie zu unterstützen gewählt hat.

Aufgrund ihrer persönlichen Erfahrung und der Verbundenheit mit den Engeln und Meistern, die dieses Anliegen teilen, wurde *Circle of Joy* ins Leben gerufen: ein Projekt, um die Freude des Aufstiegs miteinander zu feiern.

Fragen zum Thema an *CircleofJoy@gmx.de*

Der 1. Teil dieses Werkes ist unter dem Titel

...denn ich bin Liebe

mit der ISBN 978-3-89568-193-6

im **ch. falk-verlag** erschienen.

bitte umblättern

2012 im ch. falk-verlag